# フルーツ香る生菓子

定番ケーキの魅力を高めるテクニック

Ryoura
菅又亮輔

柴田書店

はじめに


　フランス修業を経て日本の「ピエール・エルメ・パリ」で学び、「ドゥー パティスリー カフェ」でシェフパティシエを6年間務めました。その後、フリーで2年間活動し、「リョウラ」をオープンしたのが2015年10月。修業時代はド直球のフランス菓子を学び、前店時代は修業時代に得た知識と経験をもとに「自分らしさがあって、人々の目にとまる菓子を」と考えて、がむしゃらに菓子をつくってきました。しかし、自分の店をもつにあたって、「もっと柔軟に肩肘張らずに菓子をつくりたい」という思いが芽生えてきました。自分の好きなケーキとは何か、どんな人に食べてほしいのか、そんなことを冷静に考えられるようになったのです。「まわりにどう見られたいか」という独りよがりの菓子づくりではなく、しっかりとお客さまの目線に立って菓子をつくりたい、と。
　そんな思いからリョウラでは、サントノーレ、エクレール、サバランといった日本でもなじみのあるフランス菓子を中心としながら、素材の組合せの面白さや見た目の華やかさなどでオリジナリティを感じさせる菓子づくりにとり組んでいます。また、ショートケーキをはじめとする日本的な洋菓子もとりそろえ、フランス菓子の枠にとどまらない、さまざまなニーズに応える幅広い商品提案を心がけています。本書ではそうした定番ケーキを、もっとおいしく、もっとバラエティ豊かに提案するための、技術やフルーツ使いのアイデアを、レシピを通じて紹介します。わくわくするような定番ケーキをつくること。それは、多くの人々に愛される街の洋菓子店になるために、追求し続けたい大切なテーマだと思います。


「リョウラ」オーナーシェフ　菅又亮輔

目次

3　はじめに

# フルーツ香る生菓子

### シンプルを極める

《ショートケーキ》
8　シャンティイ・ア・ラ・マングー
9　シャンティイ・オ・ミュスカ
14　ショコラ・バナーヌ

《タルト》
18　マンゴーのタルト
20　季節のフルーツのタルト（日向夏のタルト）

### みずみずしさと軽やかさ

《ヴェリーヌ》
24　プランセス
28　マレジョンヌ
　　フレシュール

《サバラン》
34　サバラン・エキゾチック
35　サバラン・オ・ミュスカ
　　黒糖のサバラン
42　サバラン・オ・ヴァン・ルージュ

《チーズケーキ》
48　シャモニー
52　バルケット・オ・アナナ

### 魅惑のシュー菓子

《エクレール》
56　エクレール・ジョンヌ
57　エクレール・フレーズ・バルサミコ
62　柿のエクレール
63　エクレール・ポワール・カシス

《サントノーレ》
68　サントノーレ・スリーズ・ココ
72　サントノーレ・ポワール・マロン

### 冴える食感のコントラスト

《ミルフィーユ》
78　ミルフィーユ・ミストラル
79　ミルフィーユ・フィグ・キャラメル

《シブースト》
86　シブースト・オ・ペッシュ
90　シブースト・オ・ポム

### 心に残るオリジナル菓子

《パータ・マカロンを使った菓子》
94　マタン
98　マチュリテ

《ムースが主体の菓子》
102　パッショネモン

《メレンゲの菓子》
103　パヴロヴァ

### 伝統菓子へのアプローチ

108　タルト・シトロン
109　タルト・タタン
114　フォレノワール
115　フレジエ

### メニューバリエーション

《ショートケーキ》
23　シャンティイ・ア・ラ・フレーズ

《タルト》
23　タルト・オ・フレーズ
　　金柑のタルト

《ヴェリーヌ》
46　カリヨン
　　プランタニエール

《サバラン》
47 サバラン・ボータン
サバラン・ルージュ・エ・ノワール

《エクレール》
76 エクレール・ジャルディナージュ
エクレール・アンソレイエ

《サントノーレ》
77 サントノーレ・マタン
サントノーレ・ピスターシュ

《ミルフィーユ》
84 ミルフィーユ・オ・ショコラ
ミルフィーユ・エスカルゴ

《ムースが主体の菓子》
101 ベルジュ

## クリーム
148 クレーム・パティシエール
クレーム・シャンティイ
149 クレーム・ディプロマット
クレーム・ダマンド
クレーム・フランジパーヌ
150 クレーム・オ・ブール

## コンフィチュール＆マーマレード
151 コンフィチュール各種
オレンジのマーマレード

# 基本のパーツ

## 生地
126 パータ・ジェノワーズ
128 チョコレートのジェノワーズ
130 ジェノワーズ・オ・ザマンド
131 チョコレートのジェノワーズ・オ・ザマンド
132 ビスキュイ・ジョコンド
134 ビスキュイ・オ・ザマンド
135 パート・フイユテ
138 パート・シュクレ
140 パータ・フォンセ
142 パータ・ババ
144 パータ・シュー
146 パータ・マカロン

## コラム

《生菓子のテクニック》
31 ヴェリーヌ、組立てのヒント
55 おいしい菓子をつくるために
小さなことだけど大切なポイント
59 エクレール、商品開発のヒント
67 フルーツ×フルーツ、組合せのヒント
89 シブースト、味づくりのヒント

《店づくり ほか》
85 リョウラの職場環境
111 リョウラのルーツ①
113 リョウラのルーツ②
120 リョウラのショーケース
122 リョウラのボンボン・ショコラ

撮　影　天方晴子
デザイン　飯塚文子
編　集　吉田直人

**本書を使う前に**

◎材料について
・バターは無塩タイプを使用しています。
・粉類はあらかじめふるって使用しています。
・バニラビーンズは、とくに記載がない場合は、
　サヤを裂いて種をとり出し、サヤと種をともに使用しています。
・氷水でもどした板ゼラチンは、水けをきってから使用しています。
・メニューの紹介ページでメニュー名に添えてあるフルーツの写真（下記参照）は、
　とくに記載がない場合は使用する生あるいは冷凍のフルーツを表しています。
　そのまま、またはソテーするなど加工して使用します。

> シャンティイ・ア・ラ・マングー
> Chantilly à la mangue

◎シロップについて
・本書に材料として登場する「シロップ（ボーメ度30）」は、
　以下の要領でつくったものです。

［材料］
《つくりやすい分量》
水……450g
グラニュー糖……550g

［つくり方］
**1**　鍋に材料を入れて火にかけ、沸騰したら火からおろす。

◎レシピについて
・商品名とパーツ名は、基本的に店の表記に準じています。
・一部のパーツのレシピは省略してあります。
・型のサイズは店で使用している型の実寸です。
　それに近いサイズの型を使用してください。
・ミキサーで撹拌する際は、適宜、途中で撹拌を止め、
　ミキサーボウルの内側側面についた材料をはらってください。
・ミキサーの速度や撹拌時間、オーブンの温度や焼成時間などはあくまでも目安です。
　機種や生地の状態などに応じて適宜調節してください。
・デッキオーブン（平窯）を使用する場合は、「上火」「下火」の温度を記載しています。
・室温の目安は20〜25℃です。

## フルーツ香る生菓子

シンプルを極める
みずみずしさと軽やかさ
魅惑のシュー菓子
冴える食感のコントラスト
心に残るオリジナル菓子
伝統菓子へのアプローチ

###### シンプルを極める

#### マンゴーの魅力が全開。2 種のクリームで軽やかさとリッチな味わいのバランスをとる

マンゴーを味わうシンプルなショートケーキ。クレーム・シャンティイは乳脂肪分 47％のものではなく 42％の生クリームを使ってキレを出し、みずみずしいマンゴーとの一体感を生み出した。トップのマンゴーの下にはクレーム・ディプロマットをしのばせ、アントルメらしい贅沢感のあるリッチな味わいに。

シャンティイ・ア・ラ・マングー
Chantilly à la mangue

クレーム・シャンティイを軽やかに仕立てて
シャインマスカットの繊細な風味を生かす

上品な甘さ、繊細な風味、みずみずしさがもち味のシャインマスカットが主役。その魅力を前面に打ち出すため、合わせるクレーム・シャンティイは、使う生クリームを通常の乳脂肪分47％のものから42％に変えて軽やかな仕立てに。

シャンティイ・オ・ミュスカ
Chantilly au muscat

## シャンティイ・ア・ラ・マングー　Chantilly à la mangue

[材料]

**マンゴーの下準備**
《直径15cmのジェノワーズ型1台分》
マンゴー……1と1/2個

**組立て・仕上げ**
《直径15cmのジェノワーズ型1台分》
パータ・ジェノワーズ（P.126）……1台
クレーム・シャンティイ＊（参考P.148）……約500g
クレーム・ディプロマット（P.149）……適量

＊P.148のクレーム・シャンティイとは異なり、乳脂肪分42％の生クリームを使用。つくり方は同。

[構成]

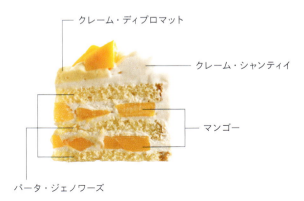

クレーム・ディプロマット
クレーム・シャンティイ
マンゴー
パータ・ジェノワーズ

[つくり方]

**マンゴーの下準備**

1　マンゴーは縦3等分に切り分ける。種を含む部分はとり除き、それ以外は皮を切りとって2cm角程度に切り分ける。　A〜D

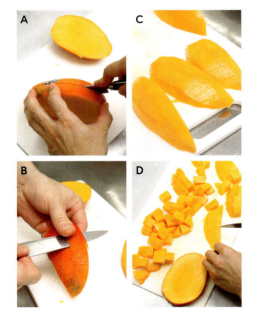

**組立て・仕上げ**

1　パータ・ジェノワーズは側面のオーブンシートをはがし、ルーラー2本で挟んで厚さ1.5cmにスライスする。おおむね5枚とれ、そのうち上面と下面の生地を除く3枚を使用する。　A〜B

10　シンプルを極める・ショートケーキ

**2** 回転台にパータ・ジェノワーズを1枚のせ、クレーム・シャンティイ（32～34gが目安）をパレットナイフでぬり広げる。⇒Point ❶   C

**3** 切ったマンゴーを汁けをふきとって**2**の上に敷き詰める。マンゴーが見えなくなる程度にクレーム・シャンティイ（同）をぬり広げる。   D~E

**4** パータ・ジェノワーズを1枚重ね、クレーム・シャンティイ（同）をぬり広げる。

**5** 切ったマンゴーを汁けをふきとって**4**の上に敷き詰める。マンゴーが見えなくなる程度にクレーム・シャンティイ（同）をぬり広げ、その上にパータ・ジェノワーズを1枚重ねる。   F

**6** 回転台を適宜まわしながら、側面、上面の順にクレーム・シャンティイを薄くぬり広げる。   G

**7** 上面にクレーム・シャンティイをたっぷりとのせ、パレットナイフでぬり広げる。上面からあふれたクレーム・シャンティイをパレットナイフですくって側面にあて、回転台を適宜まわしながら側面にぬり広げる。この工程を2回行い、表面をクリームでしっかりとコーティングする。   H~J

**8** 下面と側面があたる部分にパレットナイフをあて、回転台を1周させて角をなめらかにする。上面と側面があたる部分も、同様にして角をなめらかにする。

**9** クレーム・シャンティイを星口金をつけた絞り袋に入れ、上面6ヵ所に等間隔にのの字形に絞り、その間を埋めるようにしずく形に絞る。中央にクレーム・ディプロマットを丸口金をつけた絞り袋で渦巻き状に絞る。切ったマンゴーを汁けをふきとってクレーム・ディプロマットの上にのせる。   K~L

#### Point

❶ クレーム・シャンティイはダレないように、作業中はつねにボウルの底に氷水をあてて冷やしておく。また、泡立て器で適宜泡立て直して使用する。

## シャンティイ・オ・ミュスカ　Chantilly au muscat

[材料]

**シャインマスカットの下準備**
《直径15cmのジェノワーズ型1台分》
シャインマスカット……約35粒

**組立て・仕上げ**
《直径15cmのジェノワーズ型1台分》
パータ・ジェノワーズ（P.126）……1台
クレーム・シャンティイ*（参考 P.148）……約500g
クレーム・ディプロマット（P.149）……適量
＊P.148のクレーム・シャンティイとは異なり、乳脂肪分42％の生クリームを使用。つくり方は同。

[構成]

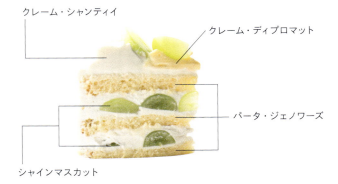

クレーム・シャンティイ
クレーム・ディプロマット
パータ・ジェノワーズ
シャインマスカット

[つくり方]

**シャインマスカットの下準備**
1　シャインマスカットは枝から実をとり、枝と接していた側の黒ずんだ部分を切り落とす。縦に半割りにする。なお、一部は上面にのせる飾り用として横に半割りにする。　A-B

**組立て・仕上げ**
1　パータ・ジェノワーズは側面のオーブンシートをはがし、ルーラー2本で挟んで厚さ1.5cmにスライスする。おおむね5枚とれ、そのうち上面と下面の生地を除く3枚を使用する。
2　パータ・ジェノワーズ1枚にクレーム・シャンティイ（32〜34gが目安）をパレットナイフでぬり広げる。⇒Point ❶　A
3　切ったシャインマスカットを断面を下にして敷き詰める。シャインマスカットが見えなくなる程度にクレーム・シャンティイ（同）をぬり広げる。　B-D

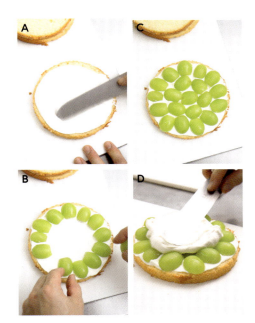

12　シンプルを極める・ショートケーキ

**4** パータ・ジェノワーズを1枚重ね、クレーム・シャンティイ（同）をぬり広げる。　E

**5** 切ったシャインマスカットを断面を下にして **4** の上に敷き詰める。シャインマスカットが見えなくなる程度にクレーム・シャンティイ（同）をぬり広げ、その上にパータ・ジェノワーズを1枚重ねる。　F–G

**6** **5** を回転台にのせ、回転台を適宜まわしながら、側面、上面の順にクレーム・シャンティイを薄くぬり広げる。　H

**7** 上面にクレーム・シャンティイをたっぷりとのせ、パレットナイフでぬり広げる。上面からあふれたクレーム・シャンティイをパレットナイフですくって側面にあて、回転台を適宜まわしながら側面にぬり広げる。この工程を2回行い、表面をクリームでしっかりとコーティングする。　I–J

**8** 下面と側面があたる部分にパレットナイフをあて、回転台を1周させて角をなめらかにする。上面と側面があたる部分も、同様にして角をなめらかにする。

**9** クレーム・シャンティイを星口金をつけた絞り袋に入れ、上面6ヵ所に等間隔にのの字形に絞り、その間を埋めるようにしずく形に絞る。中央にクレーム・ディプロマットを丸口金をつけた絞り袋で渦巻き状に絞り、その上に切ったシャインマスカットをのせる。　K–N

#### Point

❶ クレーム・シャンティイはダレないように、作業中はつねにボウルの底に氷水をあてて冷やしておく。また、泡立て器で適宜泡立て直して使用する。

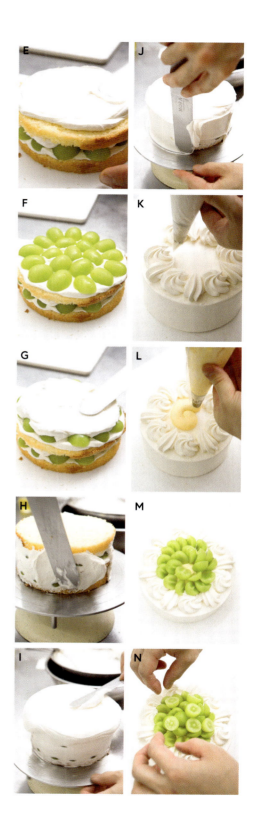

13

ほどよいカカオ感に着地させ、
なじみのある"チョコバナナ味"に

生地はカカオの風味を強く打ち出さない仕立て。そのぶん、2種のクリームにそれぞれチョコレートをブレンドしてカカオ感を膨らませる。ただし、全体の味が重くなりすぎないように、また別の香りの要素として、バナナに重ねるクリームにはチョコレートではなくプラリネを配合した。

ショコラ・バナーヌ
Chocolat banane

[材料]

**チョコレートのクレーム・シャンティイ**
《直径15cmのジェノワーズ型1台分》
ダークチョコレート（カカオ分64%）……60g
ミルクチョコレート（カカオ分40%）……30g
生クリームA（乳脂肪分35%）……110g
トレモリン……10g
板ゼラチン（氷水でもどす）……1g
生クリームB（乳脂肪分35%）……280g

**チョコレートのクレーム・パティシエール**
《直径15cmのジェノワーズ型1台分》
ダークチョコレート（カカオ分64%）……6g
クレーム・パティシエール（P.148）……60g

**プラリネのクレーム・シャンティイ**
《直径15cmのジェノワーズ型1台分》
プラリネペースト（アーモンド／無塩）……14g
クレーム・シャンティイ（P.148）……85g

**バナナの下準備**
《直径15cmのジェノワーズ型1台分》
バナナ……約3本

**組立て・仕上げ**
《直径15cmのジェノワーズ型1台分》
チョコレートのジェノワーズ（P.128）……1台
チョコレート細工……適量

[構成]

[つくり方]

**チョコレートのクレーム・シャンティイ**
1　ボウルにダークとミルクの2種類のチョコレートを入れ、湯煎にして溶かす。　A
2　鍋に生クリームAを入れ、火にかけて沸かす。
3　1にトレモリンと2、もどした板ゼラチンを順に加え混ぜる。　B
4　3に生クリームBを少しずつ加え混ぜる。　C
5　保存容器に移してふたをし、冷蔵庫に1晩おく。　D
⇨ Point ❶

**Point**
❶　冷蔵庫に1晩おくと安定し、泡立ちがよく、へたりにくいクリームになる。しっかりと泡立て直して使用する。

### チョコレートのクレーム・パティシエール

1　ボウルにダークチョコレートを入れ、湯煎にして溶かす。
2　別のボウルにクレーム・パティシエールを入れ、ボウルごと少し火にかけて混ぜながら24〜26℃になるまで温める。⇨Point ❶　　A
3　1に2を加え混ぜる。　　B

**Point**

❶　クレーム・パティシエールは、溶かしたチョコレートと合わせるときにチョコレートが固まらないように温めておく。

### プラリネのクレーム・シャンティイ

1　材料を混ぜ合わせる。　　A〜B

### バナナの下準備

1　バナナは天地を切り落として皮をむき、筋をとって幅1.5cmに切り分ける。　　A〜B

### 組立て・仕上げ

1　パータ・ジェノワーズは側面のオーブンシートをはがし、ルーラー2本で挟んで厚さ1.5cmにスライスする。おおむね5枚とれ、そのうち上面と下面の生地を除く3枚を使用する。　　A
2　チョコレートのジェノワーズ1枚に、チョコレートのクレーム・パティシエールをパレットナイフでぬり広げる。チョコレートのジェノワーズを1枚重ねる。　　B〜C

16　シンプルを極める・ショートケーキ

**3** チョコレートのクレーム・シャンティイを泡立て直して、**2** に約25gをぬり広げる。切ったバナナを敷き詰める。 D~E
⇨ Point ❶

**4** **3** にプラリネのクレーム・シャンティイを口径1.5cmの丸口金をつけた絞り袋で渦巻状に絞り、チョコレートのジェノワーズを1枚重ねる。 F~G

**5** **4** を回転台にのせ、回転台を適宜まわしながら、側面、上面の順にチョコレートのクレーム・シャンティイを薄くぬり広げる。 H

**6** 上面にチョコレートのクレーム・シャンティイをたっぷりとのせ、パレットナイフでぬり広げる。上面からあふれたチョコレートのクレーム・シャンティイをパレットナイフですくって側面にあて、回転台を適宜まわしながら側面にぬり広げる。この工程を2回行い、表面をクリームでしっかりとコーティングする。 I~J

**7** 下面と側面があたる部分にパレットナイフをあて、回転台を1周させて角をなめらかにする。上面と側面があたる部分も、同様にして角をなめらかにする。

**8** チョコレートのクレーム・シャンティイを星口金をつけた絞り袋に入れ、上面6ヵ所に等間隔にのの字形に絞り、その間を埋めるようにしずく形に絞る。中央にものの字形に絞り、その上にチョコレート細工を飾る。 K~L

**Point**

❶ チョコレートのクレーム・シャンティイは、しっかりと泡立て直してから使用する。また、ダレないように、作業中はつねにボウルの底に氷水をあてて冷やしておく。

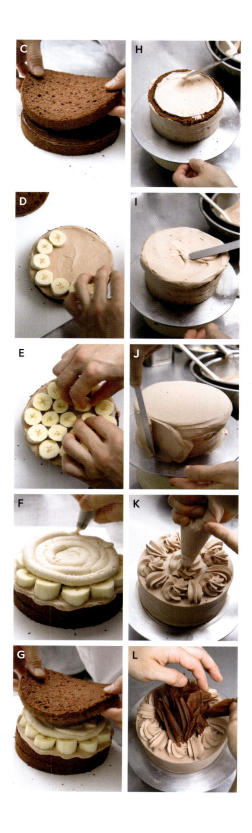

17

アンビバージュとコンフィチュールで
マンゴーと生地の一体感を高める

フレッシュマンゴーの濃厚な風味、クレーム・ディプロマットのこく、パート・シュクレのこうばしさが奏でる力強いハーモニー。土台にぬった南国フルーツ香るアンビバージュとコンフィチュールが、生地とマンゴーの距離感を縮める。

マンゴーのタルト
Tarte à la mangue
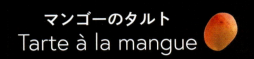

［材料］
**マンゴーの下準備**
《直径21cmのタルト型1台分》
マンゴー……約3個

**アンビバージュ**
《直径21cmのタルト型1台分》
パッションフルーツピュレ……5g
マンゴーピュレ……5g
シロップ（ボーメ度30）……15g

**組立て・仕上げ**
《直径21cmのタルト型1台分》
クレーム・フランジパーヌを詰めて焼いた
　パート・シュクレ（P.138）……1台
パッションフルーツとオレンジの
　コンフィチュール（参考P.151）……25g
クレーム・ディプロマット（P.149）……200g
ナパージュ・ヌートル……適量

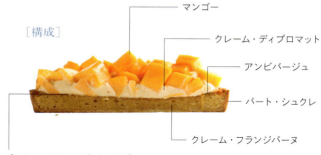

［構成］
― マンゴー
― クレーム・ディプロマット
― アンビバージュ
― パート・シュクレ
― クレーム・フランジパーヌ
― パッションフルーツとオレンジのコンフィチュール

［つくり方］
**マンゴーの下準備**
1　マンゴーをP.10の「マンゴーの下準備」と同様にして切り分ける。

**アンビバージュ**
1　パッションフルーツピュレとマンゴーピュレを合わせて電子レンジで40℃になるまで加熱し、シロップと混ぜ合わせる。

**組立て・仕上げ**
1　クレーム・フランジパーヌを詰めて焼いたパート・シュクレに、アンビバージュを刷毛でぬる。　A

2　パッションフルーツとオレンジのコンフィチュールをコルネで渦巻き状に絞り、パレットナイフでのばす。その上にクレーム・ディプロマットを口径1.3cmの丸口金をつけた絞り袋で渦巻き状に絞る。　B〜D

3　切ったマンゴーをのせ、マンゴーにナパージュ・ヌートルをぬる。　E〜F

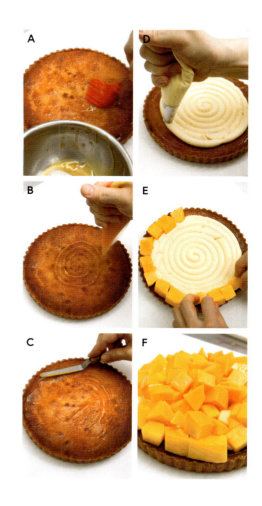

皮も、わたも、日向夏をまるっと活用。
素材がもつ心地よい苦みを生かす

パート・シュクレを彩るのは、わたをほどよく残してカットした日向夏の果肉と、コンフィにした日向夏の皮。日向夏独特のやさしい苦みも楽しませる仕立てに。土台にはグレープフルーツのアンビバージュとオレンジのマーマレードをぬり、前者で苦み、後者で甘みのバランスをとる。

季節のフルーツのタルト
（日向夏のタルト）
Tarte aux fruits de saison

［材料］

**日向夏の皮のコンフィ**
《つくりやすい分量》
水……200g
グラニュー糖……150g
日向夏の皮……2個分

**日向夏の下準備**
《直径21cmのタルト型1台分》
日向夏……5個

**アンビバージュ**
《直径21cmのタルト型1台分》
ピンクグレープフルーツピュレ……10g
シロップ（ボーメ度30）……15g

**組立て・仕上げ**
《直径21cmのタルト型1台分》
クレーム・フランジパーヌを詰めて焼いた
　パート・シュクレ（P.138）……1台
オレンジのマーマレード（P.151）……40g
クレーム・ディプロマット（P.149）……240g
ナパージュ・ヌートル……適量

［構成］

パート・シュクレ／アンビバージュ／オレンジのマーマレード／日向夏／日向夏の皮のコンフィ／クレーム・ディプロマット／クレーム・フランジパーヌ

［つくり方］

**日向夏の皮のコンフィ**
**1**　鍋に水とグラニュー糖を入れて火にかけ、沸騰したら日向夏の皮を加えて弱火にし、少し透明感が出るまで煮る。⇒Point ❶

A~B

Point
❶　日向夏の皮はさっと煮て苦みを生かす。煮すぎると甘くなるので注意。

**日向夏の下準備**
**1**　日向夏は天地を落とし、わたを残す部分、残さない部分とまだらになるように皮をむく。小房に分けて種をとり、さまざまな大きさ、形に切り分ける。⇒Point ❶

A~D

Point
❶　日向夏のわたはえぐみが少なく、食べてもおいしい。さまざまな大きさ、形に切り分けて盛り付け、多様な食感、表情が楽しめる仕立てにする。

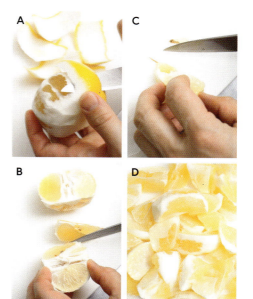

21

## アンビバージュ

**1** ボウルにピンクグレープフルーツピュレを入れ、電子レンジで40℃程度になるまで加熱する。シロップを加え混ぜる。   A

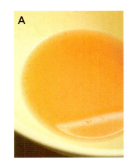

## 組立て・仕上げ

**1** クレーム・フランジパーヌを詰めて焼いたパート・シュクレに、アンビバージュを刷毛でぬる。   A
**2** オレンジのマーマレードをコルネで渦巻き状に絞り、B~C
その上にクレーム・ディプロマットを口径1.3cmの丸口金をつけた絞り袋で同様に絞る。なお、オレンジのマーマレードは、絞ったのちにパレットナイフでのばしてもよい。
**3** 切った日向夏をのせる。   D~F
**4** 日向夏にナパージュ・ヌートルをぬり、日向夏の皮のコンフィを適当な大きさに切って飾る。

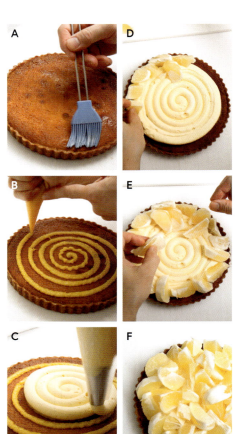

《メニューバリエーション ------ ショートケーキ＆タルト》

### シャンティイ・ア・ラ・フレーズ
#### Chantilly à la fraise

キビ砂糖でこくのある甘さに仕上げたクレーム・シャンティイと、ハチミツのやさしい甘みをのせたパータ・ジェノワーズでイチゴをサンドした、定番のイチゴのショートケーキ。ショートケーキは、ホールサイズの場合は上面の中央にクレーム・ディプロマットを絞り、お祝いごとなどハレの日にぴったりのリッチな味わいに仕立てる。

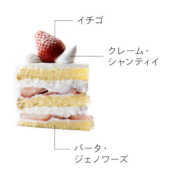

イチゴ
クレーム・シャンティイ
パータ・ジェノワーズ

### タルト・オ・フレーズ
#### Tarte aux fraises

イチゴをふんだんに盛り付けたタルト。パート・シュクレ、クレーム・ディプロマット、イチゴが主体のシンプルな構成だが、イチゴピュレとフランボワーズピュレを配合したアンビバージュを土台にぬり、そのうえにフランボワーズのコンフィチュールを重ねてフルーツ感をアップさせるなど、細かな工夫が隠れている。

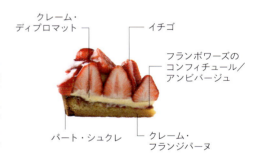

クレーム・ディプロマット
イチゴ
フランボワーズのコンフィチュール／アンビバージュ
パート・シュクレ
クレーム・フランジパーヌ

### 金柑のタルト
#### Tarte aux kinkans

キンカンはフレッシュな風味が残るように、糖度22〜23程度のコンポートに加工。クレーム・フランジパーヌを詰めて焼いたパート・シュクレに、クレーム・ディプロマットとともに重ねた。土台にはマンダリンオレンジピュレとバニラビーンズを配合したアンビバージュをぬり、その上にオレンジのマーマレードをぬって香りをぐっと高めた。

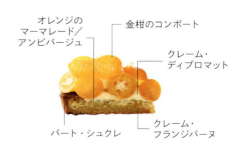

オレンジのマーマレード／アンビバージュ
金柑のコンポート
クレーム・ディプロマット
パート・シュクレ
クレーム・フランジパーヌ

------- みずみずしさと軽やかさ

## 軽やかなクリームとジュレの間に潜む
## フレッシュのグレープフルーツ

見た目も涼しげな夏向けのグラスデザートで、赤いビジュアルのものを、と開発。モモをフレーバーの軸とし、2種類のクリームに展開。一方は卵不使用の仕立てで軽やかさを打ち出した。フレッシュのグレープフルーツをしのばせ、のど越しのよいローズヒップのジュレを重ねた。

プランセス
Princesse
※モモはピュレを使用。

24　みずみずしさと軽やかさ・ヴェリ

[材料]

**ローズヒップのジュレ**
《22個分》
水……820g
ローズヒップティーの茶葉……36g
ハチミツ……60g
グラニュー糖……80g
ゲル化剤（イナアガーL）……28g

**モモとグロゼイユのクレーム・ブリュレ**
《22個分》
生クリーム（乳脂肪分35％）……240g
卵黄……105g
グラニュー糖……75g
トレハロース……25g
板ゼラチン（氷水でもどす）……4g
グロゼイユピュレ……120g
ホワイトピーチピュレ……30g

**グロゼイユとライチのジュレ**
《22個分》
グロゼイユピュレ……205g
ライチピュレ……70g
板ゼラチン（氷水でもどす）……7g
グラニュー糖……85g

**モモとライチのクリーム**
《22個分》
牛乳……315g
板ゼラチン（氷水でもどす）……13g
グラニュー糖……80g
生クリーム（乳脂肪分35％）……185g
サワークリーム……47g
ホワイトピーチピュレ……315g
ライチピュレ……175g
ピーチリキュール……15g

**組立て・仕上げ**
《1個分》
グレープフルーツ……4切れ

[構成]

[つくり方]

**ローズヒップのジュレ**
1　鍋に水を入れて火にかける。沸騰したらローズヒップティーの茶葉を入れて火を止め、ふたをしてそのまま10分おく。
2　1を網で漉して別の鍋に移し、ハチミツを加える。
3　ボウルにグラニュー糖とゲル化剤を入れて混ぜ合わせる。
4　2を火にかけ、40℃程度になったら3を加え混ぜ、沸騰したら火からおろして網で漉す。
5　直径4cmの半球形のフレキシパンに10gずつ入れ、冷蔵庫で冷やし固める。

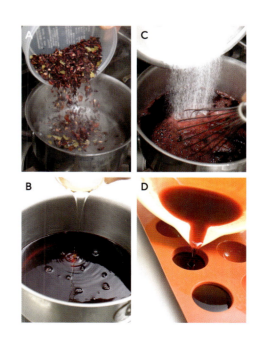

25

## モモとグロゼイユのクレーム・ブリュレ

**1** 鍋に生クリームを入れて火にかけ、沸騰直前まで加熱する。

**2** ボウルに卵黄、グラニュー糖、トレハロースを入れてすり混ぜる。　A

**3** 2に1を加え混ぜる。これを火にかけて82℃になるまで混ぜながら加熱する。　B~C

**4** 火からおろし、もどした板ゼラチンを加えて混ぜ溶かす。網で漉す。⇨Point ❶　D

**5** グロゼイユピュレとホワイトピーチピュレを加えて泡立て器で混ぜ、ゴムベラに持ち替えてきめをととのえる。⇨Point ❷　E

**6** グラスにデポジッターで24gずつ入れ、ショックフリーザーで冷やし固める。　F

**Point** --------

❶ クレーム・ブリュレは焼成して固めるのではなく、炊き上がったらすぐにゼラチンを合わせて冷やし固める。

❷ クリームにピュレを配合する場合、クリームの材料とピュレを合わせて炊き、網で漉すのが一般的な製法だが、ピュレに火が入りすぎてフレッシュな風味が損なわれないように、またピュレの繊維質が失われないようにするため、クリームのみを炊き上げて網で漉し、そこにピュレを加え混ぜる。

## グロゼイユとライチのジュレ

**1** ボウルにグロゼイユピュレとライチピュレを入れ、電子レンジで40℃程度になるまで加熱する。　A

**2** もどした板ゼラチンとグラニュー糖を順に加え、そのつど混ぜ溶かす。　B~C

**3** クレーム・ブリュレを流したグラスにデポジッターで16gずつ入れる。ショックフリーザーで冷やし固める。　D

26　みずみずしさと軽やかさ・ヴェリーヌ

## モモとライチのクリーム

1　鍋に牛乳を入れて火にかけ、50℃になるまで加熱する。もどした板ゼラチンを加えて混ぜ溶かし、続けてグラニュー糖を混ぜ溶かす。　A
2　ミキサーボウルに生クリームを入れ、ホイッパーで5〜6分立てになるまで撹拌する。冷蔵庫で冷やす。　B
3　ボウルにサワークリームを入れ、ゴムベラでほぐす。
4　別のボウルにホワイトピーチピュレとライチピュレを入れて混ぜ合わせる。
5　4の少量を3に加え混ぜ、これを4のボウルに戻して混ぜ合わせる。　C
6　5に1を加え、ボウルの底に氷水をあてる。混ぜながら25℃以下になるまで冷ます。　D
7　ピーチリキュールを加え混ぜ、2のきめをととのえ直して2回に分けて加え、そのつど泡立て器で混ぜる。ゴムベラに持ち替えてきめをととのえる。　E
8　クレーム・ブリュレとジュレを流したグラスに50gずつ入れる。冷蔵庫で冷やし固める。⇨Point ❶　F

**Point**

❶　水分が多く、油分が少ない配合のため、冷凍すると0℃解凍したときに分離しやすい。そのため、冷凍庫ではなく冷蔵庫で冷やし固める。

## 組立て・仕上げ

1　グレープフルーツは天地を落として皮をむき（わたもとる）、実を切り出す。それを2cm角程度に切る。　A–B
2　クレーム・ブリュレなどを流したグラスに切ったグレープフルーツを入れ、グレープフルーツをおおうようにローズヒップのジュレを3〜4個ずつのせる。　C–D

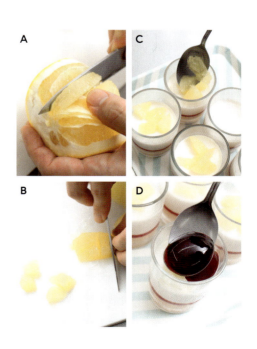

27

フレッシュフルーツ、クリーム、ジュレが
折り重なって一つの味を生む"黄色い沼"

フランス語で"黄色い沼"を意味するマレジョンヌ。主役となる素材やパーツを置かず、各パーツが融合して一つの味になるイメージで設計。沼に引きずり込まれるように下へ下へとスプーンを運び、多様なパーツを一緒にすくって口に入れると南国感たっぷりの味わいが広がる。

こくのあるアーモンドのブラマンジェと
フレッシュのメロンのハーモニー

アーモンドが香るブラマンジェが主役。ローストしたアーモンドの香りを牛乳に移すことで、ほどよくミルキー感を抑えつつ、こくを出した。合わせるのはメロンだが、ウリ科特有の香りを適度にマスキングするために、ハチミツとミントの風味を添えた。

マレジョンヌ
Marais jaune

フレシュール
Fraîcheur

28　みずみずしさと軽やかさ・ヴェリーヌ

## マレジョンヌ　Marais jaune

### [材料]

**南国フルーツのクリーム**
《20個分》
牛乳……155g
生クリーム（乳脂肪分35％）……100g
バニラエッセンス……2g
卵黄……30g
グラニュー糖……36g
トレハロース……10g
板ゼラチン（氷水でもどす）……3.2g
エキゾチックピュレ……88g

**南国フルーツのジュレ**
《20個分》
エキゾチックピュレ……218g
レモンピュレ……8.5g
板ゼラチン（氷水でもどす）……3.5g
グラニュー糖……61g

**ローストアーモンド**
《つくりやすい分量》
アーモンド（皮なし）……適量

**アーモンドのブラマンジェ**
《20個分》
アーモンドの香りを移した牛乳……でき上がりより690g
　┌ ローストアーモンド……左記より65g
　└ 牛乳……770g
生クリーム（乳脂肪分35％）……250g
グラニュー糖……90g
板ゼラチン（氷水でもどす）……11g

**パッションフルーツとマンゴーのジュレ**
《20個分》
グラニュー糖……50g
トレハロース……20g
ゲル化剤（イナアガーF）……7g
水……230g
パッションフルーツピュレ……115g
マンゴーピュレ……115g

**組立て・仕上げ**
《1個分》
オレンジ……3切れ
マンゴー……5切れ

[構成]

パッションフルーツとマンゴーのジュレ
マンゴー
オレンジ
アーモンドのブラマンジェ
南国フルーツのジュレ
南国フルーツのクリーム

### [つくり方]

**南国フルーツのクリーム**
1　鍋に牛乳と生クリーム、バニラエッセンスを入れて火にかける。
2　ボウルに卵黄、グラニュー糖、トレハロースを入れてすり混ぜる。
3　1が沸騰直前になったら2に加え混ぜ、ボウルごと火にかけて82℃になるまで混ぜながら加熱する。　A
4　3を火からおろし、もどした板ゼラチンを加えて混ぜ溶かす。網で漉す。
5　エキゾチックピュレを加え混ぜ、底に氷水をあてて混ぜながら25℃以下になるまで冷ます。　B–C　⇨Point ❶
6　グラスにデポジッターで20gずつ入れ、冷蔵庫で冷やし固める。　D

**Point**
❶　温度が高いうちにグラスに移すと、湯気でグラスが汗をかいてしまうため、冷ましてからグラスに入れる。

## 南国フルーツのジュレ

1　ボウルにエキゾチックピュレとレモンピュレを入れ、電子レンジで40℃程度になるまで加熱する。
2　もどした板ゼラチン、グラニュー糖を順に加え、そのつど混ぜ溶かす。　A
3　南国フルーツのクリームを流したグラスにデポジッターで14gずつ入れる。　B

## ローストアーモンド

1　オーブンシートを敷いた天板にアーモンドを並べる。160℃のコンベクションオーブンに入れ、途中で何度か混ぜて均一に火を入れる。焼成時間の目安は15分。写真Bは焼き上がり。　A~B

## アーモンドのブラマンジェ

1　ローストアーモンドを包丁で粗くきざむ。　A
2　鍋に牛乳を入れて火にかけ、沸騰直前まで加熱する。
3　火を止めて1を加え、ふたをして10～15分おく。網で漉す。　B
4　ボウルに生クリームを入れて泡立て器で5分立てにし、冷蔵庫で冷やす。
5　3を690gとってボウルに入れ、グラニュー糖ともどした板ゼラチンを加えて混ぜ溶かす。底に氷水をあてて混ぜながら20℃になるまで冷やす。　C
6　4を軽く泡立て直し、一部を5に加えて混ぜる。
7　6を4のボウルに移して泡立て器で混ぜ、ゴムベラに持ち替えてきめをととのえる。　D~E
8　南国フルーツのクリームとジュレを流したグラスにデポジッターで50gずつ入れる。　F

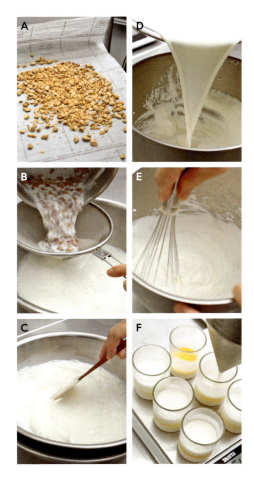

30　みずみずしさと軽やかさ・ヴェリーヌ

### パッションフルーツとマンゴーのジュレ

**1** ボウルにグラニュー糖、トレハロース、ゲル化剤を入れて混ぜ合わせる。⇨Point ❶  　A

**2** 鍋に水を入れて火にかけ、温まったら**1**を加えて混ぜながら沸騰させる。  　B

**3** 火を止めてパッションフルーツピュレとマンゴーピュレを加え混ぜ、保存容器に流す。そのまましばらくおいて冷まし、冷蔵庫で冷やし固める。  　C~D

**Point**

❶ ゲル化剤を配合すると、のど越しのよい、つるんとした口あたりに仕上がる。

### 組立て・仕上げ

**1** オレンジは天地を落として皮をむき（わたもとる）、実を切り出す。それを3等分程度に切り分ける。  　A~B

**2** マンゴーは縦3等分に切り分ける。種を含む部分はとり除き、それ以外は皮を切りとって2cm角程度に切り分ける（P.10参照）。

**3** クリームなどを流したグラスに切ったオレンジとマンゴーを順に入れ、フルーツをおおうようにパッションフルーツとマンゴーのジュレを25gずつのせる。  　C~D

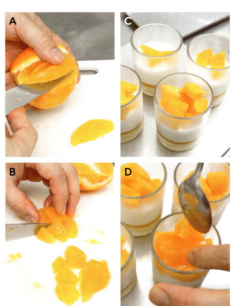

> **ヴェリーヌ、組立てのヒント**
> ヴェリーヌは、各パーツをどんな順番で重ねるかでも、食べたときの印象が大きく変わります。底のほうには甘みが強い、あるいは油脂分が高いパーツ、上に行くにしたがって香りが強いパーツや口溶けのよいパーツを配置するのが基本的な考え方です。

## フレシュール Fraîcheur

### [材料]

**ハチミツのクリーム**
《20個分》
牛乳……155g
生クリーム（乳脂肪分35％）……195g
バニラペースト……0.7g
ハチミツ……15g
卵黄……30g
グラニュー糖……16g
トレハロース……6g
板ゼラチン（氷水でもどす）……3.6g

**オレンジのジュレ**
《20個分》
オレンジピュレ……240g
板ゼラチン（氷水でもどす）……5g
グラニュー糖……40g
トレハロース……10g

**アーモンドのブラマンジェ**
《20個分》
アーモンドの香りを移した牛乳……でき上がりより540g
「 ローストアーモンド（P.30）……50g
└ 牛乳……595g
生クリーム（乳脂肪分35％）……200g
グラニュー糖……75g
板ゼラチン（氷水でもどす）……9g

**ライムとミントのジュレ**
《20個分》
ミントの香りを移した水……でき上がりより415g
「 水……440g
└ ミントの葉……2g
ライム果汁……30g
グラニュー糖……65g
トレハロース……20g
ゲル化剤（イナアガーL）……11g

**組立て・仕上げ**
《1個分》
メロン……36g（4切れ）
ハチミツ……2g

### [構成]

ライムとミントのジュレ / ハチミツ / メロン / アーモンドのブラマンジェ / オレンジのジュレ / ハチミツのクリーム

### [つくり方]

**ハチミツのクリーム**

1　鍋に牛乳と生クリーム、バニラペースト、ハチミツを入れて火にかける。⇒Point ❶　　A

2　ボウルに卵黄、グラニュー糖、トレハロースを入れてすり混ぜる。

3　1が沸騰直前になったら2に加え混ぜ、ボウルごと火にかけて82℃になるまで混ぜながら加熱する。　B～C

4　3を火からおろし、もどした板ゼラチンを加えて混ぜ溶かす。網で漉す。底に氷水をあてて混ぜながら25℃以下になるまで冷ます。⇒Point ❷　　D

5　グラスにデポジッターで20gずつ入れ、冷蔵庫で冷やし固める。

**Point**

❶　バニラペーストは火を入れるとこくが出る。ピュレなどを加えないクリームであり、バニラの味をくっきりと表現するために、バニラエッセンスではなく、バニラペーストを使用する。

❷　温度が高いうちにグラスに移すと、湯気でグラスが汗をかいてしまうため、冷ましてからグラスに入れる。

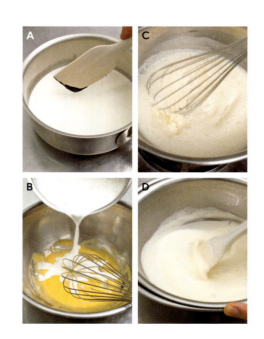

### オレンジのジュレ

1　ボウルにオレンジピュレを入れ、電子レンジで40℃程度になるまで加熱する。
2　もどした板ゼラチン、グラニュー糖とトレハロースを順に加え、そのつど混ぜ溶かす。⇨Point ❶
3　ハチミツのクリームを流したグラスに14gずつ入れる。

A~B

#### Point
❶　ハチミツとメロンの風味や甘さを引き立てるため、アーモンドのブラマンジェ以外のパーツはトレハロースを使用して甘さを抑える。

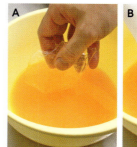

### アーモンドのブラマンジェ

1　左頁の材料、分量で、P.30の「アーモンドのブラマンジェ」と同様にしてつくり、クリームとジュレを流したグラスにデポジッターで40gずつ入れる。

### ライムとミントのジュレ

1　鍋に水を入れて火にかける。沸騰したら火を止めてミントの葉を入れ、ふたをしてそのまま10～15分おく。網で漉す。
2　鍋に1を415gとライム果汁を入れ、火にかける。
3　ボウルにグラニュー糖、トレハロース、ゲル化剤を入れて混ぜ合わせる。⇨Point ❶
4　2が温まったら3を加え、混ぜながら沸騰させる。網で漉して保存容器に流す。そのまましばらくおいて冷まし、冷蔵庫で冷やし固める。

A

B

#### Point
❶　ゲル化剤を配合すると、のど越しのよい、つるんとした口あたりに仕上がる。

### 組立て・仕上げ

1　メロンは天地を落として半割りにし、種をとる。縦4等分に切り、やわらかい部分のみ切り出して食べやすい大きさに切り分ける。⇨Point ❶
2　クリームなどを流したグラスに切ったメロンを入れ、メロンをおおうようにライムとミントのジュレを25gずつのせる。ハチミツをまわしかける。

A~C

D

#### Point
❶　メロンは、甘みの少ない部分は菓子に不向きなため、皮のあたりは思いきって厚めにとり除く。

33

各パーツに南国テイストを盛り込み、
ジューシーで夏らしい味わいに

シロップなどの水分となじみやすい、きめ細かな気泡を抱えたパータ・ババに、夏らしいフルーツのシロップをたっぷりとしみ込ませ、ジューシーで軽やかな口あたりを演出。重たいイメージのサバランを、みずみずしい夏向けの菓子に仕立てた。

**サバラン・エキゾチック**
Savarin exotique

シャインマスカットのもち味が引き立つ、
キレのよいシロップとシンプルな構成

シャインマスカットの繊細な風味を損なわないよう、シロップにはすっきりとしたホワイトラムを使用。シャインマスカットとパータ・ババの間には、それらのつなぎ役として油脂分高めのムースを組み込むにとどめ、シンプルな構成とした。

サバラン×オレンジの定番スタイルに
黒糖と黒蜜をプラスして個性を演出

オレンジを使う王道のサバランに、黒糖を配合したシロップと、黒蜜入りの2種類のクリームを用いてオリジナリティを表現。もったりとしたクレーム・ディプロマットはパータ・ババをおいしく食べさせるための、クレーム・シャンティイは味の濃度を調整するためのパーツと位置づける。

**サバラン・オ・ミュスカ**
Savarin au muscat

**黒糖のサバラン**
Savarin à la cassonade

## サバラン・エキゾチック  Savarin exotique

[材料]

**南国フルーツのシロップ**
《30個分》
水……540g
パッションフルーツピュレ……180g
マンゴーピュレ……180g
オレンジピュレ……130g
アプリコットピュレ……130g
グラニュー糖……300g
ダークラム……220g

**マンゴーのクリーム**
《30個分》
牛乳……310g
グラニュー糖……80g
サワークリーム……80g
マンゴーピュレ……400g
ココナッツピュレ……80g
板ゼラチン（氷水でもどす）……10g
生クリーム（乳脂肪分35%）……210g

**アプリコットのジュレ**
《30個分》
アプリコットピュレ……160g
パッションフルーツピュレ……115g
板ゼラチン（氷水でもどす）……3.6g
グラニュー糖……42g
トレハロース……8g

**ココナッツのムース**
《30個分》
生クリーム（乳脂肪分45%）……110g
イタリアンメレンゲ……でき上がりより60g
├ 水……65g
├ グラニュー糖A……200g
├ 卵白……100g
└ グラニュー糖B……10g
ココナッツピュレ……130g
板ゼラチン（氷水でもどす）……4g
ホワイトラム……7g
ココナッツリキュール……4g

**組立て・仕上げ**
《1個分》
パータ・ババ（P.142）……1個
パイナップル……4切れ
マンゴー……3切れ
ナパージュ・ヌートル……適量
ライムの皮……適量

[構成]
- ライムの皮
- パイナップル
- マンゴー
- アプリコットのジュレ
- マンゴーのクリーム
- 南国フルーツのシロップ／パータ・ババ
- ココナッツのムース

[つくり方]

**南国フルーツのシロップ**

1　鍋に水、ピュレ4種類、グラニュー糖を入れて火にかけ、55〜60℃になるまで加熱する。⇨Point ❶

2　火を止めてダークラムを加え混ぜる。熱いうちに「組立て1」の工程 **2〜3** の作業を行う。⇨Point ❷

**Point**

❶　ピュレは加熱によって風味が弱くなってしまうことを考慮し、多めに配合する。

❷　シロップの温度は55〜60℃が目安。シロップの温度が低いとパータ・ババがシロップを吸わず、高すぎるとパータ・ババがぐちゃぐちゃになってくずれてしまう。

A

B

### 組立て1

1　焼き上げたパータ・ババの底を薄く切り落とす。高さ3cmのルーラー2本で挟み、ルーラーに沿わせるようにしてナイフをすべらせ、高さ3cmにととのえる。縦にナイフを入れて少し生地を切りとる。⇒Point ❶　A~C

2　鍋に入った南国フルーツのシロップに、パータ・ババを竹串などを使って浸し、ときどきひっくり返してシロップを吸わせる。　D

3　2をグラスに入れて計量し、パータ・ババが吸ったシロップの量が50gに足りていなければレードルで加えて調整する。冷蔵庫で冷やす。

**Point** --------------------------------------------------
❶　パータ・ババはシロップを吸いやすくするために底を薄く切り落とす。また、シロップを吸うと生地が膨らむことを考慮し、生地の一部を切りとっておく。

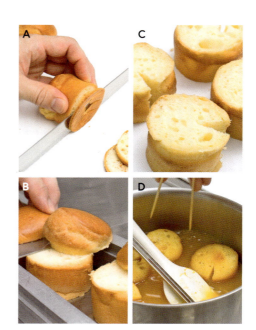

### マンゴーのクリーム

1　鍋に牛乳とグラニュー糖を入れて火にかけ、50℃程度になるまで加熱する。

2　ボウルにサワークリームを入れ、マンゴーピュレとココナッツピュレを少しずつ加えてサワークリームをほぐしながら混ぜ合わせる。　A~B

3　1を火からおろし、もどした板ゼラチンを加えて混ぜ溶かす。これを2に加え混ぜる。

4　底に氷水をあてて混ぜながら24～26℃になるまで冷ます。

5　4に生クリームを加え混ぜる。　C

6　パータ・ババを入れたグラスに36gずつ入れる。冷蔵庫で冷やす。　D

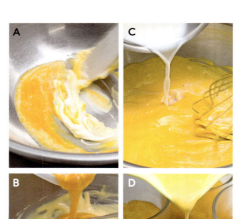

### アプリコットのジュレ

1　ボウルにアプリコットピュレとパッションフルーツピュレを入れ、電子レンジで40℃程度になるまで加熱する。

2　1にもどした板ゼラチンを加えて混ぜ溶かす。

3　グラニュー糖とトレハロースを加え混ぜる。　A

4　パータ・ババとマンゴーのクリームを入れたグラスに10gずつ流す。冷蔵庫で冷やし固める。　B

## ココナッツのムース

**1** ミキサーボウルに生クリームを入れ、ホイッパーで撹拌して7分立てにする。⇒Point ❶　A

**2** イタリアンメレンゲをつくる。鍋に水とグラニュー糖Aを入れて火にかけ、116℃になるまで加熱する。

**3** ミキサーボウルに卵白を入れてホイッパーで撹拌し、少し泡立ったらグラニュー糖Bを加えて撹拌を続ける。

**4** さらに泡立ったら、撹拌を続けながら **2** を少量ずつ加える。さらに泡立ち、40℃程度になったらミキサーからおろす。プラックに移し、少し平らにならして冷蔵庫で冷やす。⇒Point ❷　B~C

**5** ボウルにココナッツピュレを入れ、電子レンジで40℃程度になるまで加熱する。

**6** **5** にもどした板ゼラチン、ホワイトラム、ココナッツリキュールを加え混ぜる。底に氷水をあてて混ぜながらとろみがつくまで冷ます。　D

**7** 冷やしたイタリアンメレンゲを60gとってボウルに入れ、軽くほぐす。**1** の一部を加え混ぜ、なじんだら残りの **1** を加え混ぜる。⇒Point ❸

**8** **7** に **6** を少しずつ加え混ぜる。　E

**9** 直径4cmの半球形のフレキシパンに **8** を絞り袋で絞って平らにならし、冷蔵庫で冷やし固める。　F

### Point

❶ ここでは乳脂肪分45％の生クリームを使う。油脂分の高いココナッツピュレと合わせる場合、脂肪分の低い生クリームを使うとボソボソとしたテクスチャーになってしまう。

❷ イタリアンメレンゲはしっかりと冷やしておく。ムースをつくる際、温かいうちにほかの材料と合わせると安定しない。

❸ 配合を工夫して、グラスデザートに向く適度な固さのムースにする。ただし、パータ・ババの食感とのコントラストが強すぎない程度にする。

## 組立て2・仕上げ

**1** マンゴーは皮をむき、1～2cm角程度にランダムに切り分ける。

**2** パイナップルは天地を落として縦4等分に切り、皮を切りとる。表面の黒い点のような部分を切りとり、芯に近い固い部分も切り落とす。隠し包丁を入れ、2～3cmほどの大きさにランダムに切り分ける。　A~B

**3** ココナッツのムースにナパージュ・ヌートルをかける。　C

**4** パータ・ババなどを入れたグラスに **3** をのせ、切ったパイナップルとマンゴーを飾る。ライムの皮を削ってかける。　D

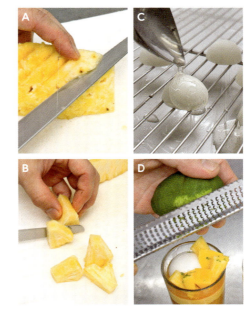

## サバラン・オ・ミュスカ  Savarin au muscat

[材料]

**ホワイトラムのシロップ**
《20個分》
水……1020g
グラニュー糖……205g
バニラペースト……6g
ホワイトラム……100g

**ココナッツとライムのムース**
《20個分》
生クリーム（乳脂肪分35%）……160g
イタリアンメレンゲ……でき上がりより85g
　┌ 水……65g
　│ グラニュー糖A……200g
　│ 卵白……100g
　└ グラニュー糖B……10g
ココナッツピュレ……180g
ライムピュレ……15g
板ゼラチン（氷水でもどす）……5g
ホワイトラム……4g

**ライムとミントのジュレ**
《20個分》
ミントの香りを移した水……でき上がりより415g
　┌ 水……440g
　└ ミントの葉……2g
ライム果汁……30g
グラニュー糖……65g
トレハロース……20g
ゲル化剤（イナアガーL）……11g

**組立て・仕上げ**
《1個分》
パータ・ババ（P.142）……1個
シャインマスカット……5〜6切れ

[構成]

シャインマスカット
ライムとミントのジュレ
ココナッツとライムのムース
ホワイトラムのシロップ／パータ・ババ

[つくり方]

**ホワイトラムのシロップ**

1　鍋に水、グラニュー糖、バニラペーストを入れて火にかけ、55〜60℃になるまで加熱する。　A

2　火を止めてホワイトラムを加え混ぜる。熱いうちに「組立て1」の工程1の作業を行う。⇒ Point ❶　B

**Point**

❶　シロップの温度は55〜60℃が目安。シロップの温度が低いとパータ・ババがシロップを吸わず、高すぎるとパータ・ババがぐちゃぐちゃになってくずれてしまう。

**組立て1**

1　P.37の「組立て1」と同様にして、パータ・ババを準備し、シロップ（ここではホワイトラムのシロップ）を50g吸わせる。冷蔵庫で冷やす。　A-B

## ココナッツとライムのムース

1 ミキサーボウルに生クリームを入れ、ホイッパーで撹拌して7分立てにする。
2 イタリアンメレンゲをつくる。鍋に水とグラニュー糖Aを入れて火にかけ、116℃になるまで加熱する。
3 ミキサーボウルに卵白を入れてホイッパーで撹拌し、少し泡立ったらグラニュー糖Bを加えて撹拌を続ける。
4 さらに泡立ったら、撹拌を続けながら2を少量ずつ加える。さらに泡立ち、40℃程度になったらミキサーからおろす。プラックに移し、少し平らにならして冷蔵庫で冷やす。⇒Point ❶
5 ボウルにココナッツピュレとライムピュレを入れ、電子レンジで40℃程度になるまで加熱する。
6 5にもどした板ゼラチンとホワイトラムを加え混ぜる。底に氷水をあてて混ぜながらとろみがつくまで冷ます。目安は18℃。
7 冷やしたイタリアンメレンゲを85gとってボウルに入れ、軽くほぐす。1の一部を加え混ぜ、なじんだら残りの1を加え混ぜる。⇒Point ❷
8 7に6を少しずつ加え混ぜる。
9 パータ・ババを入れたグラスに絞り袋で20gずつ絞る。冷凍庫で冷やし固める。

**Point**
❶ イタリアンメレンゲはしっかりと冷やしておく。ムースをつくる際、温かいうちにほかの材料と合わせると安定しない。
❷ 配合を工夫して、グラスデザートに向く適度な固さのムースにする。ただし、パータ・ババの食感とのコントラストが強すぎない程度にする。

## ライムとミントのジュレ

1 P.39の材料、分量で、P.33の「ライムとミントのジュレ」と同様にしてつくる。

## 組立て2・仕上げ

1 シャインマスカットは枝と接していた側の黒ずんだ部分を切り落とし、縦4等分に切る。
2 パータ・ババなどを入れたグラスに切ったシャインマスカットをのせ、シャインマスカットをおおうようにライムとミントのジュレを25gずつ重ねる。

## 黒糖のサバラン　Savarin à la cassonade

### [材料]

**黒糖のシロップ**
《15個分》
水……500g
ブラウンシュガー……65g
加糖黒糖……170g
ダークラム……90g

**黒蜜のクレーム・ディプロマット**
《15個分》
クレーム・ディプロマット（P.149）……300g
黒蜜……10g

**黒蜜のクレーム・シャンティイ**
《15個分》
生クリーム（乳脂肪分35%）……540g
黒蜜……18g

**組立て・仕上げ**
《1個分》
パータ・ババ（P.142）……1個
オレンジ……6切れ
粉糖……適量
オレンジの皮のシロップ煮*……適量
金箔……適量

＊シロップ（ボーメ度30）と水を2対1の割合で鍋に入れて火にかけ、沸騰したらオレンジの皮を加えてやわらかくなるまで煮る。

[構成]

オレンジ／オレンジの皮のシロップ煮
黒蜜のクレーム・シャンティイ
黒蜜のクレーム・ディプロマット
黒糖のシロップ／パータ・ババ

### [つくり方]

**黒糖のシロップ**
1　鍋に水、ブラウンシュガー、加糖黒糖を入れて火にかけ、55〜60℃になるまで加熱する。
2　火を止めてダークラムを加え混ぜる。熱いうちに「組立て1」の工程1の作業を行う。⇨ Point ❶

**Point** --------------------------------------------
❶　シロップの温度は55〜60℃が目安。シロップの温度が低いとパータ・ババがシロップを吸わず、高すぎるとパータ・ババがぐちゃぐちゃになってくずれてしまう。

**組立て1**
1　P.37の「組立て1」と同様にして、パータ・ババを準備し、シロップ（ここでは黒糖のシロップ）を50g吸わせる。冷蔵庫で冷やす。

**組立て2・仕上げ**
1　オレンジは天地を落として皮をむき（わたもとる）、実を切り出す。それを半分程度の大きさに切る（P.31参照）。
2　パータ・ババなどを入れたグラスの中央に黒蜜のクレーム・ディプロマットを20gずつ絞る。　　A
3　クリームの周囲に切ったオレンジを並べる。　　B
4　黒蜜のクレーム・シャンティイを軽く泡立て直し、3のグラスの縁いっぱいまで入れ（約35g）、平らにならす。　　C
5　粉糖を茶漉しでふり、切ったオレンジ、オレンジの皮のシロップ煮、金箔を飾る。　　D

**黒蜜のクレーム・ディプロマット**
1　材料を混ぜ合わせる。

**黒蜜のクレーム・シャンティイ**
1　ミキサーボウルに生クリームを入れ、7分立てになるまで撹拌する。
2　1に黒蜜を加え混ぜる。

41

赤ワインを軸に展開する
赤い果実のハーモニー

フランス・アルザスでの修業時代につくっていた赤ワインを使ったサバラン。サングリア風のシロップには、タンニンのある赤ワインを使用。その風味をヒントに、ムースのフレーバーにはブラックベリーとグリオットチェリー、フレッシュのフルーツはナガノパープルをチョイス。

サバラン・オ・ヴァン・ルージュ
Savarin au vin rouge

[材料]

**赤ワインのシロップ**
《20個分》
赤ワイン……1200g
バニラビーンズ……1/2本
シナモンスティック……2本
グラニュー糖……180g
パンデピスパウダー……4g
オレンジ（くし形切り／皮付き）……1個

**赤い果実のムース**
《20個分》
生クリーム（乳脂肪分35％）……190g
イタリアンメレンゲ
　　……でき上がりより100g
　┌ 水……40g
　│ グラニュー糖A……120g
　│ 卵白……60g
　└ グラニュー糖B……8g
ブラックベリーピュレ……90g
グリオットチェリーピュレ……90g
イチゴピュレ……60g
キルシュ……4g
板ゼラチン（氷水でもどす）……7g

**赤い果実のジュレ**
《つくりやすい分量》
イチゴピュレ……40g
フランボワーズピュレ……80g
グラニュー糖……18g
トレハロース……4g
板ゼラチン（氷水でもどす）……2.4g

**アーモンドミルクのムース**
《つくりやすい分量》
生クリーム（乳脂肪分35％）……195g
イタリアンメレンゲ
　　……でき上がりより100g
　┌ 水……40g
　│ グラニュー糖A……120g
　│ 卵白……60g
　└ グラニュー糖B……8g
アーモンドミルクピュレ……100g
牛乳……145g
板ゼラチン（氷水でもどす）……7.2g
ホワイトラム……5.4g

**組立て・仕上げ**
《1個分》
パータ・ババ（P.142）……1個
ナガノパープル……4切れ
フランボワーズ……1個
フランボワーズの
　　コンフィチュール（P.151）……適量
ナパージュ・ヌートル……適量

[構成]

― アーモンドミルクのムース
― ナガノパープル
― フランボワーズ
― 赤い果実のジュレ
― 赤い果実のムース
― 赤ワインのシロップ＆パータ・ババ

[つくり方]

**赤ワインのシロップ**

1　鍋に赤ワイン、バニラビーンズ、シナモンスティック、グラニュー糖、パンデピスパウダー、オレンジを入れ、火にかける。　A

2　沸騰したら火を止めてふたをし、そのまま30分おく。冷めたら冷蔵庫に移して1晩おく。

3　2を火にかけ、55～60℃になったら火からおろして網で漉してボウルに移す。熱いうちに「組立て1」の工程1の作業を行う。⇨ Point ❶　B

**Point**

❶　シロップの温度は55～60℃が目安。シロップの温度が低いとパータ・ババがシロップを吸わず、高すぎるとパータ・ババがぐちゃぐちゃになってくずれてしまう。

### 組立て1

1 P.37の「組立て1」と同様にして、パータ・ババを準備し、シロップ（ここでは赤ワインのシロップ）を60g吸わせる。冷蔵庫で冷やす。

A~B

### 赤い果実のムース

1 ミキサーボウルに生クリームを入れ、ホイッパーで撹拌して7分立てにする。
2 イタリアンメレンゲをつくる。鍋に水とグラニュー糖Aを入れて火にかけ、116℃になるまで加熱する。
3 ミキサーボウルに卵白を入れてホイッパーで撹拌し、少し泡立ったらグラニュー糖Bを加えて撹拌を続ける。
4 さらに泡立ったら、撹拌を続けながら2を少量ずつ加える。さらに泡立ち、40℃程度になったらミキサーからおろす。プラックに移し、少し平らにならして冷蔵庫で冷やす。⇨Point ❶

A~B

5 ボウルにピュレ3種類を入れ、電子レンジで40℃程度になるまで加熱する。
6 別のボウルにキルシュともどした板ゼラチンを入れ、少量の5を加えて電子レンジで加熱する。板ゼラチンが溶けたらOK。
7 6と残りの5を別のボウルに入れて混ぜ合わせ、底に氷水をあてて混ぜながら18℃になるまで冷ます。

C

8 冷やしたイタリアンメレンゲを100gとってボウルに入れ、1の一部を加え混ぜ、なじんだら残りの1を加え混ぜる。続けて7を少しずつ加え混ぜる。⇨Point ❷

D~E

9 パータ・ババを入れたグラスに絞り袋で24gずつ絞る。底を作業台にたたきつけてムースの表面を平らにならし、冷蔵庫で冷やす。

F

#### Point

❶ イタリアンメレンゲはしっかりと冷やしておく。ムースをつくる際、温かいうちにほかの材料と合わせると安定しない。

❷ 配合を工夫して、グラスデザートに向く適度な固さのムースにする。ただし、パータ・ババの食感とのコントラストが強すぎない程度にする。

### 赤い果実のジュレ
1　ボウルにイチゴピュレとフランボワーズピュレを入れ、電子レンジで40℃程度になるまで加熱する。
2　1にグラニュー糖、トレハロース、もどした板ゼラチンを加えて混ぜ溶かす。
3　パータ・ババと赤い果実のムースを入れたグラスにデポジッターで10gずつ流し、冷蔵庫で冷やし固める。　A

### アーモンドミルクのムース
1　ミキサーボウルに生クリームを入れ、ホイッパーで撹拌して7分立てにする。
2　左頁の「赤い果実のムース」の工程2～4と同様にしてイタリアンメレンゲをつくり、冷やす。
3　ボウルにアーモンドミルクピュレと牛乳を入れ、電子レンジで40℃程度になるまで加熱する。
4　3にもどした板ゼラチンとホワイトラムを加え、底に氷水をあてて混ぜながら18℃になるまで冷ます。
5　冷やしたイタリアンメレンゲ80gをボウルに入れ、軽くほぐす。1の一部を加え混ぜ、なじんだら残りの1を加え混ぜる。
6　5に4を少しずつ加え混ぜる。
7　直径4cmの半球形のフレキシパンに絞り袋で8gずつ絞って平らにならし、冷蔵庫で冷やし固める。

### 組立て2・仕上げ
1　ナガノパープルを縦に半割りにし、一部はさらに縦に半割りにする。フランボワーズのくぼみにフランボワーズのコンフィチュールをコルネで絞る。　A
2　半球形に固めたアーモンドミルクのムースにナパージュ・ヌートルをかける。　B
3　パータ・ババなどを入れたグラスに2をのせ、切ったナガノパープルとコンフィチュールを絞ったフランボワーズを飾る。　C-D

《メニューバリエーション ------ ヴェリーヌ》

### カリヨン
### Carillon

紅茶とオレンジのマリアージュが味の根幹。ジュレとババロワに紅茶の風味を強めにつける一方で、それによって生じるえぐみをやわらげるために、卵をたっぷりと配合したやさしい風味のバニラのクリームを組み込んだ。ヨーグルトを合わせたクレーム・シャンティイで酸味も補強し、全体の味のバランスをととのえる。

### プランタニエール
### Printanière

フランス語で「春」と名づけた、赤、白、緑の春らしい色合いのヴェリーヌ。タイベリー独特の花のような香りを軸に、赤い果実、ココナッツ、ピスタチオのフレーバーを組み合わせて、軽すぎず、重すぎずの春らしい味わいを表現。ジュレ、ムース、クリームなど口あたりの異なるパーツを重ね、味のグラデーションも楽しませる。

- クランブル
- オレンジ
- セミドライのアプリコット
- ヨーグルトのクレーム・シャンティイ
- 紅茶のジュレ
- 紅茶のババロワ
- ドライフルーツとナッツのペースト
- オレンジのジュレ
- バニラのクリーム

- アーモンドのクラックラン
- イチゴ
- フランボワーズ
- アーモンドのクラックラン
- ピスタチオ
- ココナッツのクレーム・シャンティイ
- タイベリーのジュレ
- ココナッツのムース
- 赤い果実のジュレ
- ピスタチオのクリーム

《メニューバリエーション ------ サバラン》

### サバラン・ボータン
#### Savarin beau temps

春から夏へと移ろう時期をイメージした1品。主役はグレープフルーツで、フレッシュをそのまま使うほか、ピュレをジュレとクリームに使用。ジュレはリュバーブと合わせて酸味を高めたり、クリームはモモと合わせて甘みを強調したりと、ほかのフルーツとの相乗効果でグレープフルーツのもち味を膨らませた。パータ・ババはホワイトラムのシロップで軽やかに。

### サバラン・ルージュ・エ・ノワール
#### Savarin rouge et noir

「サバラン・オ・ヴァン・ルージュ」（P.42）と同様に赤ワインベースのシロップをパータ・ババに含ませて組み込むが、ここではフレッシュのオレンジとなめらかなオレンジのクリーム、ふんわり軽やかなチョコレートのクレーム・シャンティイを組み合わせ、まったく印象の異なる菓子に。まだ肌寒い冬の名残りのある時期をイメージした味わい。

### 日本的なレアチーズケーキから発想を展開。
### フロマージュブランのムースが主役

軽やかなムースがメインのプチガトーを、と考えて開発。日本的なレアチーズケーキをイメージしながら、フロマージュブランをムースに仕立てて軽さを出し、モレロチェリーのシロップ漬けを組み込んだ赤い果実のジュレをセンターにしのばせてキレをプラスした。

シャモニー
Chamonix

48　みずみずしさと軽やかさ・チーズケーキ

[材料]

**モレロチェリーのシロップ漬け**
《つくりやすい分量》
シロップ（ボーメ度30）……450g
モレロチェリー（冷凍）……450g

**フランボワーズのコンフィチュール**
《つくりやすい分量》
フランボワーズ……500g
レモン果汁……20g
グラニュー糖……200g
ペクチン（LMSN325）……8g

**赤い果実のジュレ**
《30個分》
グロゼイユピュレ……55g
フランボワーズピュレ……55g
レモン果汁……5.5g
板ゼラチン（氷水でもどす）……1.8g
グラニュー糖……18g
フランボワーズのコンフィチュール
　　……上記より110g
キルシュ……1.8g

**フロマージュブランのムース**
《30個分》
卵黄……115g
グラニュー糖……142g
沸騰した湯……43g
生クリーム（乳脂肪分35%）……570g
レモン果汁……57g
キルシュ……7g
板ゼラチン（氷水でもどす）……16g
フロマージュブラン……500g

**アンビバージュ**
《30個分》
シロップ（ボーメ度30）……125g
沸かして冷ました水……85g
キルシュ……12.5g

**組立て・仕上げ**
《1個分》
ビスキュイ・オ・ザマンド（P.134）
　　……直径6cmと直径3.5cmに
　　　型ぬきしたもの各1枚
クレーム・シャンティイ（P.148）
　　……30g
イチゴ（スライスする）……2切れ
フランボワーズ（半割りにする）
　　……1切れ
ナパージュ・ヌートル……適量

[構成]

イチゴ
クレーム・シャンティイ
フランボワーズ
フロマージュブランのムース
ビスキュイ・オ・ザマンド
赤い果実のジュレ／モレロチェリーのシロップ漬け

[つくり方]

**モレロチェリーのシロップ漬け**
1　鍋にシロップを入れて火にかける。
2　沸騰したら火を止め、モレロチェリーを入れたボウルにそそぐ。ラップを密着させて冷蔵庫に1晩おく。

A~B

## フランボワーズのコンフィチュール

1 鍋にフランボワーズとレモン果汁を入れて火にかけ、混ぜながら加熱する。40〜50℃になったらグラニュー糖とペクチンを加え、ブリックス58〜60度になるまで混ぜながら加熱する。⇨Point ❶    A-C

2 プラックにあけ、薄くのばして冷ます。    D

**Point**
❶ すべての材料を投入後、102℃になるまで、あるいは沸騰してから1分〜1分30秒加熱すると、おおむねブリックス58〜60度になる。

## 赤い果実のジュレ

1 ボウルにグロゼイユピュレとフランボワーズピュレ、レモン果汁を入れ、電子レンジで40℃程度になるまで加熱する。

2 1にもどした板ゼラチンとグラニュー糖を加えて混ぜ溶かす。    A

3 フランボワーズのコンフィチュールとキルシュを順に加え混ぜる。    B

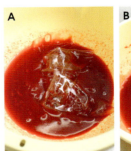 

## 組立て1

1 直径4cmのフレキシパンに赤い果実のジュレを8gずつ入れる。    A

2 モレロチェリーのシロップ漬けをザルにあけ、実の汁けをふきとる。1に実を3個ずつ入れ、冷凍庫で冷やし固める。    B

## フロマージュブランのムース

1 ボウルに卵黄とグラニュー糖を入れ、泡立て器ですり混ぜる。

2 1に沸騰した湯を加え混ぜ、これを火にかけてとろみがつくまで加熱する。加熱しすぎるとスクランブルエッグのような状態になるので注意。    A-B

**3**　網で漉してミキサーボウルに移し、ホイッパーで撹拌する。白っぽくなり、リボン状に落ちるようになったら撹拌終了。混ぜ終わりの温度は30〜32℃が目安。
**4**　別のミキサーボウルに生クリームを入れ、ホイッパーで9分立てになるまでしっかりと撹拌する。
**5**　ボウルにレモン果汁、キルシュ、もどした板ゼラチンを入れ、電子レンジで40℃程度になるまで加熱する。⇨Point ❶
**6**　別のボウルにフロマージュブランを入れ、**3**を2回に分けて加え、**3**の熱でフロマージュブランをやわらかくするようなイメージでそのつど混ぜる。
**7**　**6**に**5**を加え混ぜる。続けて**4**を2〜3回に分けて加え混ぜ、ゴムベラに持ち替えてきめをととのえる。⇨Point ❷

C

D

E-F

### Point
❶　もどした板ゼラチンは、単体で加熱すると吸収した水分がとんでしまい、溶けにくい。ほかの水分と合わせて加熱すると溶けやすくなる。
❷　フロマージュブランやゼラチンなどを合わせたベースの温度が24〜26℃になったら、泡立てた生クリームを合わせるタイミング。

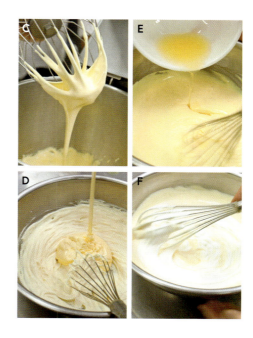

### アンビバージュ
**1**　材料を混ぜ合わせる。

### 組立て2・仕上げ
**1**　ビスキュイ・オ・ザマンドは、直径6cmと3.5cmにセルクルで型ぬきする。
**2**　直径7.5×高さ4cmのドーム形のフレキシパンに型の半分の高さまでフロマージュブランのムースを絞り袋で絞り、スプーンの背で型の縁までムースをのばし広げる。
**3**　直径3.5cmのビスキュイ・オ・ザマンドをアンビバージュに浸し、**2**の中央に焼き面を下にして入れる。　A
**4**　冷やし固めた赤い果実のジュレをモレロチェリーの面を上にして**3**の中央にのせ、軽く指で押し込む。　B
**5**　ふたたびフロマージュブランのムースを絞り、スプーンの背でならす。この段階で型の9.5分目の高さにする。　C
**6**　直径6cmのビスキュイ・オ・サマンドの焼き面とは反対の面にアンビバージュを刷毛でぬり、焼き面を上にして**5**にのせる。冷蔵庫で冷やし固める。　D
**7**　**6**を回転台にのせ、適宜回転台をまわしながらクレーム・シャンティイをパレットナイフでぬり広げる。　E
**8**　クレーム・シャンティイをサントノーレ口金をつけた絞り袋でトップに絞る。　F
**9**　スライスしたイチゴと半割りにしたフランボワーズにナパージュ・ヌートルをぬって**8**に飾る。

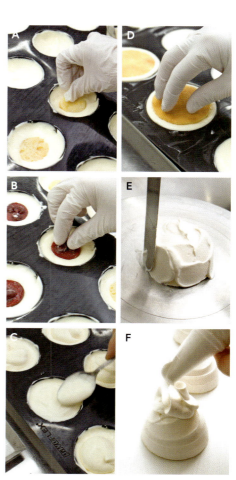

南国フルーツのソテーを包み込む、
クリームチーズ主体のあっさりクリーム

クリームチーズを用いたクリームは、クリームチーズの味をしっかりと感じられ、なおかつ、あっさりとした食後感を表現したいと考え、卵不使用で製造。2種類の生クリームを合わせて乳脂肪分をコントロールし、保形性を高めた。センターにはパイナップルとパッションフルーツのソテーをしのばせ、夏らしさを演出。

### バルケット・オ・アナナ
# Barquette aux ananas

[材料]

**パイナップルとパッションフルーツのソテー**
《つくりやすい分量》
パイナップル……150g
パッションフルーツ……8g
パッションフルーツピュレ……15g
キビ砂糖……12g

**クリームチーズのクリーム**
《長径10×短径4.4cmのバルケット型10個分》
クリームチーズ……175g
サワークリーム……28g
グラニュー糖……35g
生クリームA（乳脂肪分35%）……35g
生クリームB（乳脂肪分45%）……140g

**組立て・仕上げ**
《長径10×短径4.4cmのバルケット型1個分》
パート・シュクレ（P.138）……適量
クレーム・ダマンド（P.149）……12g
アンビバージュ*1……2g
パッションフルーツとオレンジの
　コンフィチュール（参考P.151）……2g
粉糖…適量
オレンジの皮のシロップ煮*2……2〜3本

*1 シロップ（ボーメ度30）50gとパッションフルーツピュレ12g、オレンジピュレ12gを混ぜ合わせる。
*2 シロップ（ボーメ度30）と水を2対1の割合で鍋に入れて火にかけ、沸騰したらオレンジの皮を加えてやわらかくなるまで煮る。

[構成]

- オレンジの皮のシロップ煮
- パイナップルのソテー
- クリームチーズのクリーム
- パイナップルとパッションフルーツのソテー
- クレーム・ダマンド
- パート・シュクレ

[つくり方]

**パイナップルとパッションフルーツのソテー**

1　パイナップルはひと口大に切る（P.38参照）。パッションフルーツは半割りにして、実と種をとり出す。　A
2　鍋に1のパイナップルを入れ、パッションフルーツピュレとキビ砂糖を加えて火にかける。⇒Point ❶　B
3　ひと煮立ちしたら1のパッションフルーツの実と種を加え、混ぜ合わせて火からおろす。⇒Point ❶　C
4　バットに広げ、そのまましばらくおいて冷ます。　D

**Point**

❶　フルーツはおもに、加工していない生のものは香りの要素として、ピュレは味の要素として用いる。フレッシュのパッションフルーツの種にはペクチンが含まれているのでとろみもつく。

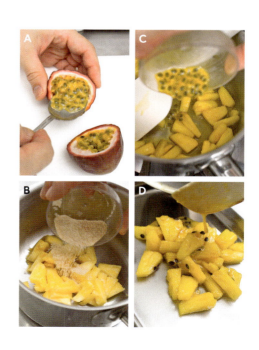

53

### クリームチーズのクリーム

1　ミキサーボウルにクリームチーズ、サワークリーム、グラニュー糖を入れ、ビーターで低速で撹拌する。
2　全体がなじんだら、生クリームAを少しずつ加えながら撹拌する。⇒Point ❶
3　生クリームBの1/3量を加えて撹拌する。ホイッパーにつけ替え、残りの生クリームBを加えて撹拌する。角がしっかりと立つ状態になったら撹拌終了。⇒Point ❶

#### Point
❶　卵を加えないぶん、2種類の生クリームで乳脂肪分を調整して保形性を高める。

### 組立て・仕上げ

1　パート・シュクレを厚さ1.5mmにのばし、バルケット型（長径10×短径4.4cm）よりも2まわり大きく切る。⇒Point ❶
2　バルケット型に1をのせ、同サイズの型を重ねて指で押さえる。重ねた型をはずし、生地を指で押さえて型に密着させ、型からはみ出した生地を切り落とす。冷蔵庫で冷やす。
3　2にクレーム・ダマンドを丸口金をつけた絞り袋で絞り、160℃のコンベクションオーブンで20分焼く。ラックに置いて冷ます。
4　3の型をはずし、上面にアンビバージュを刷毛でぬる。
5　パッションフルーツとオレンジのコンフィチュールをコルネで1筋絞り、パレットナイフでのばす。
6　5にパイナップルとパッションフルーツのソテーを大さじ1のせ、それをおおうようにクリームチーズのクリームを40gのせる。パレットナイフで山のような形にし、表面をととのえる。⇒Point ❷
7　粉糖を茶漉しでふり、パイナップルのソテー（パッションフルーツとパイナップルのソテーからパッションフルーツの種を除いたもの）とオレンジの皮のシロップ煮をのせる。

#### Point
❶　バルケット型を用いたデザインを採用。ひと口でたっぷりとほうばることができるため、クリームチーズの味の印象が強まる。
❷　型に対してクリームチーズのクリームは多めの設計。そのぶん、センターのフルーツが味のアクセントとしてしっかりと機能する。

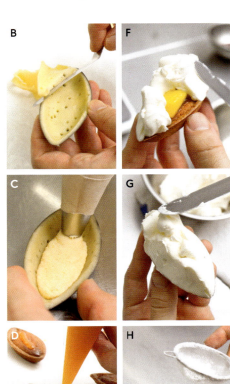

みずみずしさと軽やかさ・チーズケーキ

おいしい菓子をつくるために
小さなことだけど大切なポイント

### レシピはできるだけ数値化する

複数のスタッフが働く厨房で安定した品質の菓子をつくるには、皆が共通の指標をもって作業できることが大切です。そこで、レシピはできるだけ数値化しています。たとえば、「室温」という表現はできるだけ使わず、20～25℃など具体的な数値で指示します。また、湯気が完全になくなる＝40～45℃など、状態変化にもそれに対応する目安の数値を定めています。

### 不要な水けはしっかりときる

氷水でもどした板ゼラチンや、水分の多いフルーツ、またシロップなどに漬けたフルーツは、ペーパーで水けや汁けをしっかりとふきとってから使います。わずかな水分量のブレであっても、味や食感に大きな影響をもたらすことがあります。

### 卵を使う場合はかならず漉す

殻やからざを確実にとり除くために、卵を使う場合はかならず漉します。漉すタイミングは、溶きほぐしたあと、あるいは加熱したあとなど。また、卵不使用のクリームも適宜漉してなめらかに仕上げます。漉し網は網目の細かさの異なる数種類を用意し、パータ・ボンブはとくに目の細かい漉し網で漉すなど、用途に合わせて使い分けています。

### ベースをつくってから混ぜる

クリームとクリーム、クリームとピュレなどを合わせるときは、混ぜムラができないように注意。たとえばAとBのパーツを合わせる場合、まずはAにBの一部を混ぜてベースをつくり、そこに残りのBを加えて混ぜ合わせます。

 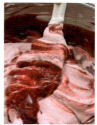

### ピュレの加熱しすぎは厳禁

ピュレはナチュラルな風味を生かしたいので、できるだけ加熱しないのが鉄則。ジュレなどに使用する際も、ゼラチンとグラニュー糖が溶ける程度にしか加熱しません。

### クレーム・シャンティイは泡立て直す

クレーム・シャンティイは、時間経過とともにへたってしまいます。使う直前、また使っている最中も適宜泡立て直し、ベストな状態で使用します。

------ **魅惑のシュー菓子**

## 夏らしい黄色いフルーツの味わいを
## フレッシュとクリームでアピール

フレッシュのパイナップル、オレンジ、マンゴーを組み込んだ、夏向けのエクレール。パータ・シューには黄色に着色したマッセ生地をのせて焼き、ビジュアル的にも夏らしさをアピール。土台に絞ったクレーム・パティシエールにコンフィチュールをしのばせ、果実の風味を高めた。

エクレール・ジョンヌ
Éclair jaune

キャラメルとバルサミコが混ざり合う、
ソテーしたイチゴの濃密な味わい

クレーム・ディプロマットに、キャラメルとバルサミコ酢の風味が混ざり合うイチゴのソテーを重ね、クレーム・シャンティイをあしらった。クレーム・シャインティイには赤い果実のフレーバーをつけて軽やかに。

エクレール・フレーズ・バルサミコ
Éclair fraise balsamique

### エクレール・ジョンヌ  Éclair jaune

[材料]

**パータ・シューの焼成**
《つくりやすい分量》
パータ・シューの生地（P.144）……適量（1個35g）
マッセ生地（黄／12×2.5cm／P.144）……適量

**パッションフルーツと
オレンジのクレーム・シャンティイ**
《10個分》
クレーム・シャンティイ（P.148）……300g
パッションフルーツとオレンジの
　コンフィチュール（参考P.151）……40g

**組立て・仕上げ**
《1個分》
オレンジ……4〜5切れ
マンゴー……4〜5切れ
パイナップル……3切れ
クレーム・パティシエール（P.148）……30g
パッションフルーツとオレンジのコンフィチュール（参考P.151）……6g
粉糖……適量
パッションフルーツとマンゴーとオレンジのパート・ド・フリュイ……適量

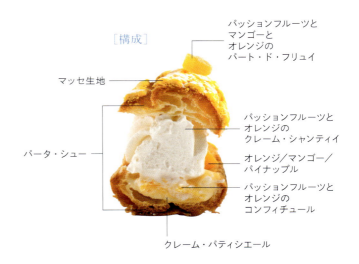

[構成]
- パッションフルーツとマンゴーとオレンジのパート・ド・フリュイ
- マッセ生地
- パータ・シュー
- パッションフルーツとオレンジのクレーム・シャンティイ
- オレンジ／マンゴー／パイナップル
- パッションフルーツとオレンジのコンフィチュール
- クレーム・パティシエール

[つくり方]

**パータ・シューの焼成**
1　口径1.5cmの丸口金をつけた絞り袋で長さ12cmに絞ったパータ・シューの生地を天板に移す。
2　マッセ生地を12×2.5cmに切り、**1**にのせる。　A
3　上火・下火ともに190℃のデッキオーブンで30分焼　B
き、上火・下火ともに170℃に落として15分、さらにダンパーを開けて15〜20分焼く。

**パッションフルーツとオレンジのクレーム・シャンティイ**
1　材料を混ぜ合わせる。　　　　　　　　　　　A-B

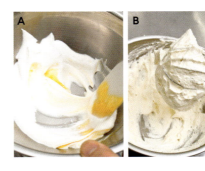

58　魅惑のシュー菓子・エクレール

## 組立て・仕上げ

1 オレンジはP.31と同様にして切り分ける。マンゴーとパイナップルはP.38と同様にして切り分ける。

2 パータ・シューを横から半分に切り分ける。下側のパータ・シューに、クレーム・パティシエールを口径1.5cmの丸口金をつけた絞り袋で絞る。 A~B

3 パッションフルーツとオレンジのコンフィチュールをクリームに少し埋め込むようにしてコルネで一直線に絞る。 C

4 切ったパイナップルとオレンジを汁けをふきとって3に並べ、切ったマンゴーも並べる。 D

5 上側のパータ・シューに粉糖を茶漉しでふり、パート・ド・フリュイを水アメ（分量外）で接着する。 E

6 4にパッションフルーツとオレンジのクレーム・シャンティイを星口金をつけた絞り袋でひだをつくるように絞り、さらに上から一直線に絞る。上側のパータ・シューを重ねる。 F

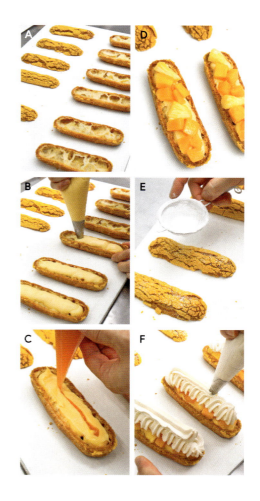

### エクレール、商品開発のヒント

「フルーツとクリームを食べてもらう菓子」というのが、エクレールに対する自分の基本的なイメージ。季節感を表現するのにうってつけのアイテムです。季節のフルーツを選び、それに合わせてクレーム・シャンティイにフレーバーをつけたり、コンフィチュールを組み込んだりするとフルーツ感がぐっと増します。パータ・シューはいわば器ですが、食感を楽しませる重要なパーツです。マッセ生地を重ねたり、ナッツをちりばめたりして焼成すると、食感だけではなく見た目の魅力もアップします。

## エクレール・フレーズ・バルサミコ　Éclair fraise balsamique

[材料]

**パータ・シューの焼成**
《つくりやすい分量》
パータ・シューの生地（P.144）
　……適量（1個35g）
マッセ生地
　（赤／12×2.5cm／P.144）……適量

**イチゴのソテー**
《つくりやすい分量》
イチゴ……380g
グラニュー糖……80g
バター……25g
バルサミコ酢……2g

**イチゴのクレーム・シャンティイ**
《10個分》
クレーム・シャンティイ（P.148）……300g
イチゴとフランボワーズとグロゼイユの
　コンフィチュール（参考P.151）……40g

**組立て・仕上げ**
《1個分》
クレーム・ディプロマット（P.149）……25g
バラの花びら……2枚

[構成]

マッセ生地
イチゴのクレーム・シャンティイ
パータ・シュー
イチゴのソテー
クレーム・ディプロマット

[つくり方]

**パータ・シューの焼成**
1　口径1.5cmの丸口金をつけた絞り袋で長さ12cmに絞ったパータ・シューの生地を天板に移す。
2　マッセ生地を12×2.5cmに切り、1にのせる。　A
3　上火・下火ともに190℃のデッキオーブンで30分焼き、上火・下火ともに170℃に落として15分、さらにダンパーを開けて15～20分焼く。　B

**イチゴのソテー**
1　イチゴはヘタを落とし、さまざまな形に切り分ける。
⇨ Point ❶
2　フライパンを火にかけてグラニュー糖を少量入れ、溶けたらグラニュー糖を足し入れる。これをくり返し、分量のグラニュー糖を溶かす。　A
3　加熱を続け、全体が少しキャラメル色になったら火を止めてバターとバルサミコ酢を加える。　B
4　余熱でバターが溶けたら、ふたたび火をつけて1を加える。木ベラで和えながら弱火でゆっくりと火を入れる。⇨ Point ❷　C

60　魅惑のシュー菓子・エクレール

**5** 溶けたグラニュー糖が適度な粘度、色になったら(写真D)、バットにあけてそのまましばらくおいて冷ます。

### Point
❶ イチゴはさまざまな形に切り分け、多様な食感をアピールする。
❷ キャラメルが焦げないように、またイチゴの食感を適度に残すため、弱火でゆっくりと火を入れる。

### イチゴのクレーム・シャンティイ
1 材料を混ぜ合わせる。 A~B

### 組立て・仕上げ
1 パータ・シューを横から半分に切り分ける。下側のパータ・シューに、クレーム・ディプロマットを口径1.5cmの丸口金をつけた絞り袋で絞り、クリームにパレットナイフで一直線に筋をつける。 A~C

2 クリームにつけた筋にイチゴのソテーを汁けをふきとって30gずつのせる。 D

3 イチゴのクレーム・シャンティイを星口金をつけた絞り袋でひだをつくるように絞り、さらに上から一直線に絞る。上側のパータ・シューを重ね、バラの花びらを水アメ(分量外)で接着する。 E~F

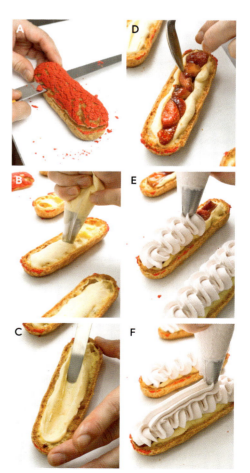

61

## 柿のエクレール
### Éclair aux kakis

柿はソテーして風味を凝縮。
オレンジをプラスして味の輪郭を際立たせる

2種類のクリームでサンドした柿は、オレンジの皮とジュースとともにソテーすることで味の輪郭を立たせた。また、パータ・シューにマッセ生地ではなくアーモンドをのせて焼いたのは、食感のアクセントにするとともにクレーム・シャンティイのキャラメルの風味を増幅させるのが狙い。

洋ナシの赤ワイン煮をヒントにした、
カシスと洋ナシのマリアージュ

デザートなどで赤ワイン煮にすることも多い洋ナシ。そこで、洋ナシはタンニンを感じさせるような素材と合わせやすいと考え、カシスとのマリアージュを提案。洋ナシは生を、カシスはコンフィチュールを組み込み、クレーム・シャンティイにもカシスのフレーバーをプラスした。

**エクレール・ポワール・カシス**
Éclair poire cassis

## 柿のエクレール  Éclair aux kakis

[材料]

**パータ・シューの焼成**
《つくりやすい分量》
パータ・シューの生地(P.144)
　……適量(1個35g)
アーモンドスライス……適量
アーモンドダイス……適量
グラニュー糖……適量

**柿のソテー**
《つくりやすい分量》
柿(種なし)……2個
グラニュー糖……60g
バター……16g
バニラビーンズ……1/6本
オレンジジュース……30g
オレンジのマーマレード(P.151)……10g
オレンジの皮……適量

**キャラメルのクレーム・シャンティイ**
《10個分》
キャラメルベース……でき上がりより55g
　生クリーム(乳脂肪分35%)……138g
　グラニュー糖……155g
　バター……27g
　塩……0.4g
クレーム・シャンティイ(P.148)……280g

**組立て・仕上げ**
《1個分》
クレーム・パティシエール(P.148)……25g
オレンジのマーマレード(P.151)……4g

[構成]
- キャラメルのクレーム・シャンティイ
- アーモンドスライス／アーモンドダイス
- パータ・シュー
- 柿のソテー
- オレンジのマーマレード
- クレーム・パティシエール

[つくり方]

**パータ・シューの焼成**
1　口径1.5cmの丸口金をつけた絞り袋で長さ12cmに絞ったパータ・シューの生地を天板に移す。
2　1にアーモンドスライスとアーモンドダイスをちらし、グラニュー糖をのせる。　A
3　上火・下火ともに190℃のデッキオーブンで30分焼き、上火・下火ともに170℃に落として15分、さらにダンパーを開けて15〜20分焼く。　B

**柿のソテー**
1　柿はヘタを落として皮をむき、芯をくりぬく。8等分にくし形に切る。
2　フライパンを火にかけてグラニュー糖を少量入れ、溶けたらグラニュー糖を足し入れる。これをくり返し、分量のグラニュー糖を溶かす。
3　加熱を続け、全体が少しキャラメル色になったらバターとバニラビーンズを加える。　A
4　バターが溶けたら1を加え、ゴムベラで和える。　B
5　オレンジジュースとオレンジのマーマレードを順に加え混ぜ、溶けたグラニュー糖が適度な粘度、色になったら火を止める。➡ Point ❶❷　C

**6** オレンジの皮をすりおろして加え、混ぜ合わせる。 D
バットにあけ、そのまましばらくおいて冷ます。

**Point**
❶ 柿は火を入れても水分があまり出ないため、キャラメルの色が濃くなりすぎないようにオレンジジュースで水分をおぎなう。オレンジの風味をプラスするのも狙い。
❷ フライパンでさっと加熱し、余熱で柿の中まで火を入れるイメージ。柿を投入してから火を止めるまでは3〜4分程度。

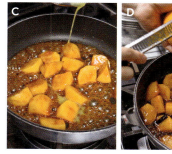

### キャラメルのクレーム・シャンティイ

**1** キャラメルベースをつくる。鍋に生クリームを入れて火にかける。
**2** 別の鍋にグラニュー糖の少量を入れて火にかける。 A
ときどきゆすりながら加熱し、溶けたらグラニュー糖を足し入れる。これをくり返し、分量のグラニュー糖を溶かす。写真Aのような色になったらいったん火を止める。
**3** しばらくすると余熱でさらに熱せられ、細かな泡が B
浮いてくる。そのタイミングでバターを加え混ぜ、続けて**1**を少量加え混ぜる。
**4** 残りの**1**を加え、ふたたび火にかけて混ぜる。全体 C〜D
がなじんだら火からおろし、塩を加え混ぜる。底に氷水をあてて、ときどき混ぜながら冷ます。
**5** キャラメルのクレーム・シャンティイを仕上げる。ボウルにキャラメルベースを入れ、クレーム・シャンティイを2回に分けて加え、そのつど混ぜ合わせる。

### 組立て・仕上げ

**1** パータ・シューを横から半分に切り分ける。下側の A
パータ・シューに、クレーム・パティシエールを口径1.5cmの丸口金をつけた絞り袋で絞る。
**2** オレンジのマーマレードをクリームに少し埋め込むよ B
うにしてコルネで一直線に絞る。
**3** 柿のソテーを汁けをふきとってそれぞれ半分に切り C
分け、**2**に6〜7切れずつのせる。
**4** キャラメルのクレーム・シャンティイを星口金でひだ D
をつくるように絞り、さらに上から一直線に絞る。上側のパータ・シューを重ねる。

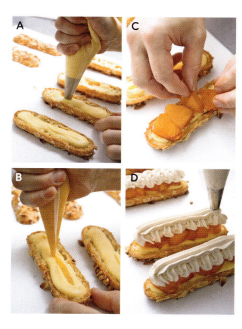

## エクレール・ポワール・カシス  Éclair poire cassis

[材料]

**パータ・シューの焼成**
《つくりやすい分量》
パータ・シューの生地（P.144）……適量（1個35g）
マッセ生地（白／12×2.5cm／P.144）……適量

**カシスのクレーム・シャンティイ**
《10個分》
クレーム・シャンティイ（P.148）……300g
カシスのコンフィチュール（P.151）……40g

**組立て・仕上げ**
《1個分》
洋ナシ……5〜6切れ
シロップ *……適量
クレーム・パティシエール（P.148）……30g
カシスのコンフィチュール（P.151）……6g
＊レモン果汁5gとシロップ（ボーメ度30）100gを混ぜ合わせる。

[構成]

マッセ生地
カシスのクレーム・シャンティイ
パータ・シュー
洋ナシ／シロップ
カシスのコンフィチュール
クレーム・パティシエール

[つくり方]

**パータ・シューの焼成**
1　口径1.5cmの丸口金をつけた絞り袋で長さ12cmに絞ったパータ・シューの生地を天板に移す。
2　マッセ生地を12×2.5cmに切り、1にのせる。
3　上火・下火ともに190℃のデッキオーブンで30分焼き、上火・下火ともに170℃に落として15分、さらにダンパーを開けて15〜20分焼く。写真Aは焼き上がり。

A

**カシスのクレーム・シャンティイ**
1　材料を混ぜ合わせる。

A〜B

66　魅惑のシュー菓子・エクレール

## 組立て・仕上げ

**1** 洋ナシは皮をむいて4等分に切り、芯を切り落とす。 A~C
2～3cm角程度に切り分け、シロップに浸す。

**2** パータ・シューを横から半分に切り分ける。下側の D~E
パータ・シューに、クレーム・パティシエールを口径1.5
cmの丸口金をつけた絞り袋で絞る。

**3** カシスのコンフィチュールをクリームに少し埋め込む F
ようにしてコルネで一直線に絞る。

**4** **1**の洋ナシを汁けをふきとって**3**にのせる。 G

**5** カシスのクレーム・シャンティイを星口金をつけた絞 H
り袋でひだをつくるように絞り、さらに上から一直線に
絞る。上側のパータ・シューを重ねる。

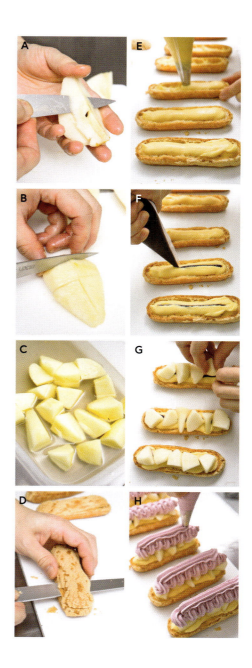

### フルーツ×フルーツ、組合せのヒント

ここ数年意識しているのは、"風味の引き算"。単純に使用する素材の数を減らすという意味ではなく、ある素材がもつ余計な風味を別の素材で打ち消す、いわば「かけ合わせによる引き算」です。たとえば、「柿のエクレール」では、柿にオレンジのフレーバーをかけ合わせることで、単体ではぼんやりしがちな柿の風味をくっきりと際立たせています。ほかにも、グレープフルーツを主役にした菓子ではイチジクを組み合わせ、それによってグレープフルーツの苦みをやわらげるとともに、イチジクの土臭いような香りを軽減しています。素材を組み合わせる際、どうしても「それぞれの風味をしっかりと打ち出さないといけない」と思いがちですが、素材の組合せによる狙いや効果は一つだけではないと考えると、菓子づくりのアイデアの幅が広がります。

サントノーレ・スリーズ・ココ
Saint-Honoré cerise coco

チェリーの甘ずっぱい風味を凝縮。
ココナッツの香りを添えて

アメリカンチェリー×ココナッツは、前店時代にパフェにとり入れたことのある素材の組合せ。ココナッツの香りを移した独特の甘いニュアンスのあるクレーム・シャンティに、ソテーしたチェリーの甘ずっぱい風味が寄り添う。

[材料]

**パータ・シューの焼成**

▶土台のリング《つくりやすい分量》
パータ・フォンセの生地（直径6cm×厚さ1.5㎜／P.140）……適量
パータ・シューの生地（P.144）……適量（1個12g）
▶プチシュー《つくりやすい分量》
パータ・シューの生地（P.144）……適量（1個4g）
マッセ生地（白／直径2.3cm／P.144）……適量

**ココナッツのクレーム・シャンティイ**

《つくりやすい分量》
ホワイトチョコレート……165g
生クリームA（乳脂肪分35%）……110g
ココナッツファイン……12g
板ゼラチン（氷水でもどす）……2g
トレモリン……12g
水アメ……12g
生クリームB（乳脂肪分35%）……260g

**アメリカンチェリーのソテー**

《5個分》
アメリカンチェリー……10個
グラニュー糖……30g
レモン果汁……4g

**組立て・仕上げ**

《1個分》
クレーム・ディプロマット（P.149）……適量
グリオットチェリーのコンフィチュール（P.151）……適量

[構成]

ココナッツのクレーム・シャンティイ
マッセ生地
グリオットチェリーのコンフィチュール
アメリカンチェリーのソテー
パータ・シュー
クレーム・ディプロマット

[つくり方]

**パータ・シューの焼成**

1　土台のリングの成形：オーブンシートを敷いた天板に直径6cm×厚さ1.5㎜に成形したパータ・フォンセの生地を置き、その上に口径1cmの丸口金をつけた絞り袋でパータ・シューの生地をリング状に絞る。　A

2　プチシューの成形：オーブンシートを敷いた天板に、パータ・シューの生地を口径1cmの丸口金をつけた絞り袋で丸く絞る。直径2.3cmに成形したマッセ生地をのせる。これを3つ用意する。　B

3　1と2を上火・下火ともに190℃のデッキオーブンで20分焼き、上火・下火ともに170℃に落として10分、さらにダンパーを開けて10分焼く。　C-D

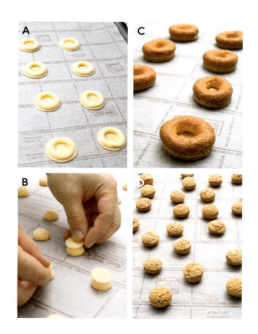

69

## ココナッツのクレーム・シャンティイ

1　ボウルにホワイトチョコレートを入れ、湯煎にして溶かす。
2　鍋に生クリームAを入れて火にかける。
3　2が沸いたら火を止め、ココナッツファインを加えてふたをして約10分おく。　A
4　3を網で漉して1に加え、もどした板ゼラチン、トレモリン、水アメを加え混ぜる。　B
5　全体がなじんだら生クリームBを加え混ぜる。保存容器に移し、冷蔵庫に1晩おく。　C-D

## アメリカンチェリーのソテー

1　アメリカンチェリーは縦に1周するように切り込みを入れて半割りにし、種をとる。　A-B
2　鍋に1、グラニュー糖、レモン果汁を入れて火にかけ、グラニュー糖が溶けてアメリカンチェリーに少し透明感が出てきたら火からおろす。バットにあけ、そのまましばらくおいて冷ます。　C-D

## 組立て・仕上げ

**1** 土台のパータ・シューに小さな口金などで3ヵ所穴をあけ、それぞれの穴に丸口金をつけた絞り袋でクレーム・ディプロマットを絞り入れる。中央のくぼみにもクレーム・ディプロマットを絞る。 　A–C

**2** プチシューの裏側に**1**と同様にして1ヵ所穴をあけ、グリオットチェリーのコンフィチュールをコルネで、続けてクレーム・ディプロマットを丸口金をつけた絞り袋でそれぞれ絞り入れる。 　D–E

**3** **1**の中央にアメリカンチェリーのソテーを2切れずつのせ、その上にクレーム・ディプロマットをこんもりと絞る。 　F

**4** 土台の3ヵ所の穴をふさぐように**2**をのせ、中央のクリームと密着させて固定する。 　G

**5** ココナッツのクレーム・シャンティイをミキサーボウルに入れ、角が立つまでホイッパーで撹拌する。 　H

**6** **5**を星口金をつけた絞り袋に入れ、プチシューの間に下から上へと縦に絞る。中央にもココナッツのクレーム・シャンティイをこんもりと絞る。アメリカンチェリーのソテーを2切れ飾る。 　I–J

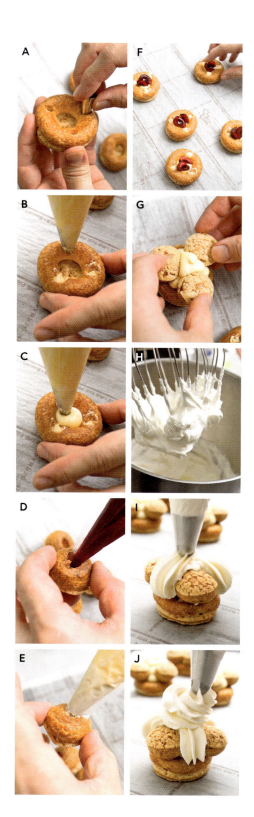

栗の風味を引き立てたジュレが肝。
洋ナシと栗が折り重なる秋の味わい

栗のジュレと洋ナシのジュレを重ねたものと、ソテーした洋ナシを土台の中央に配置し、栗のクレーム・シャンティと小さなパータ・シューでデコレーション。栗と洋ナシという繊細な風味の素材どうしが手を結び、新たな味わいを生み出す。

### サントノーレ・ポワール・マロン
### Saint-Honoré poire marron

[材料]

**パータ・シューの焼成**

▶土台のリング《つくりやすい分量》

パータ・フォンセの生地（直径6cm×厚さ1.5mm／P.140）……適量

パータ・シューの生地（P.144）……適量（1個12g）

▶プチシュー《つくりやすい分量》

パータ・シューの生地（P.144）……適量（1個4g）

**洋ナシのソテー**

《つくりやすい分量》

洋ナシ……1個

バター……5g

バニラビーンズ……1/6本

グラニュー糖……25g

塩……1つまみ

**洋ナシのジュレ**

《10×10cmのカードル1台分》

洋ナシピュレ……100g

板ゼラチン（氷水でもどす）……2g

グラニュー糖……14g

洋ナシのオー・ド・ヴィー……3g

レモン果汁……4g

**栗のジュレ**

《10×10cmのカードル1台分》

板ゼラチン（氷水でもどす）……1.2g

水……30g

マロンペースト……50g

マロンピュレ……50g

グラニュー糖……10g

**栗のクレーム・パティシエール**

《6個分》

マロンペースト……70g

クレーム・パティシエール（P.148）……130g

**栗のクレーム・シャンティイ**

《6個分》

栗のジュレ……でき上がりより60g

┌ 板ゼラチン（氷水でもどす）……5.4g

│ 水……100g

│ マロンペースト……110g

│ マロンピュレ……110g

└ グラニュー糖……40g

クレーム・シャンティイ（P.148）……180g

[構成]
- 栗のクレーム・シャンティイ
- 洋ナシのソテー
- 栗のクレーム・パティシエール
- パータ・シュー
- 栗のジュレ
- 洋ナシのジュレ
- パータ・フォンセ

[つくり方]

**パータ・シューの焼成**

**1　土台のリングの成形**：オーブンシートを敷いた天板に直径6cm×厚さ1.5mmに成形したパータ・フォンセの生地を置き、その上に口径1cmの丸口金をつけた絞り袋でパータ・シューの生地をリング状に絞る。

**2　プチシューの成形**：オーブンシートを敷いた天板に、パータ・シューの生地を口径1cmの丸口金をつけた絞り袋で丸く絞る。これを3つ用意する。

**3**　**1**と**2**を上火・下火ともに190℃のデッキオーブンで20分焼き、上火・下火ともに170℃に落として10分、さらにダンパーを開けて10分焼く。

## 洋ナシのソテー

1　洋ナシは皮を向き、縦4等分に切る。芯を切りとってそれぞれ縦3等分に切り、さらに2〜3cm角に切る。 A-B
2　フライパンを火にかけてバターを入れる。バターが溶けたら切った洋ナシとバニラビーンズを加え、洋ナシに溶けたバターをからめる。
3　全体がなじんだらグラニュー糖を加え、溶かしながら洋ナシにからめる。⇨Point❶ C
4　塩を加え混ぜ、火からおろす。バットにあけ、そのまましばらくおいて冷ます。 D

### Point
❶　グラニュー糖を加えるのは洋ナシに甘みをプラスするのが狙い。そのため、キャラメル状になるまで加熱する必要にない。

## 洋ナシのジュレ

1　ボウルに洋ナシピュレを入れ、電子レンジで40℃になるまで加熱する。
2　もどした板ゼラチンとグラニュー糖を加え混ぜ、続けて洋ナシのオー・ド・ヴィーとレモン果汁を加え混ぜる。 A
3　底にラップを張った10×10cmのカードルに流す。冷凍庫で冷やし固める。 B

## 栗のジュレ

1　ボウルにもどした板ゼラチンと水を入れ、電子レンジにかけてゼラチンを溶かす。
2　別のボウルにマロンペーストとマロンピュレを入れて混ぜ合わせ、グラニュー糖と1を順に加え混ぜる。 A-B
3　洋ナシのジュレを流したカードルに2を流し、表面をヘラで平らにならして冷凍庫で冷やし固める。 C-D
⇨Point❶

### Point
❶　栗のもち味をできるだけストレートに生かしたいと考え、どのようなパーツに仕立てるかを検討。クリームと混ぜ合わせるなどの方法だと栗の味が薄まってしまうため、シンプルな材料でジュレをつくって固め、まるで羊羹のようなパーツに仕上げた。

74　魅惑のシュー菓子・サントノーレ

### 栗のクレーム・パティシエール

1　ボウルにマロンペーストを入れ、クレーム・パティシエールを少しずつ加え、そのつどマロンペーストをのばすように混ぜ合わせる。　A–B

### 栗のクレーム・シャンティイ

1　P.73の材料、分量で、左頁と同様にして栗のジュレをつくる。
2　1とクレーム・シャンティイを混ぜ合わせる。　A–B

### 組立て・仕上げ

1　土台のパータ・シューに小さな口金などで3ヵ所穴をあけ、それぞれの穴に丸口金をつけた絞り袋で栗のクレーム・パティシエールを絞り入れる。中央のくぼみにもクレーム・パティシエールを絞る。　A
2　プチシューの裏側に1と同様にして1ヵ所穴をあけ、栗のクレーム・パティシエールを丸口金をつけた絞り袋で絞り入れる。　B
3　重ねて冷やし固めた洋ナシのジュレと栗のジュレを1.5cm角に切り、1の中央に洋ナシのジュレを上にしてのせる。その上に栗のクレーム・パティシエールをこんもりと絞る。　C–E
4　土台の3ヵ所の穴をふさぐように2をのせ、中央のクリームと密着させて固定する。中央に洋ナシのソテーを2〜3切れずつのせる。
5　栗のクレーム・シャンティイを星口金をつけた絞り袋に入れ、プチシューの間に下から上へと縦に絞る。中央にも栗のクレーム・シャンティイをこんもりと絞る。洋ナシのソテーを2切れずつ飾る。　F

《メニューバリエーション ------ エクレール》

### エクレール・ジャルディナージュ
#### Éclair jardinage

ピスタチオのクレーム・シャンティイとババロワ、赤い果実のババロワの、クリーミーでこくのある味わい。その下から、みずみずしいフレッシュのイチゴが顔を出し、さらにタイベリーのコンフィチュールの花のような香りがふわりと立ち上る。特徴的なのは、2種類のババロワの設計。それぞれの風味が感じられ、それでいてすっと味が合わさるように、重ねて冷やし固めたものを棒状に切り出し、横並びで配置した。

### エクレール・アンソレイエ
#### Éclair ensoleillé

「エクレール・ジャルディナージュ」の2種類のババロワと同様に、チョコレートのクリームとプラリネのババロワを横並びにしてクレーム・シャンティイの下に組み込んだ。口の中でスムーズに溶け合い、濃厚な味わいが広がる。パータ・シューとフィアンティーヌの心地よい食感と、クリームのなめらかな口あたりとのコントラストも魅力だ。

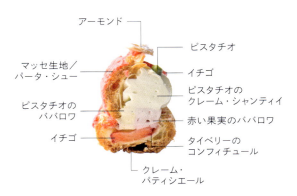

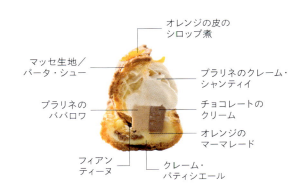

76　魅惑のシュー菓子・エクレール&サントノーレ

# 柴田書店 出版案内

食知力 ShiBaTa 書籍ムック 2018.1

〒113-8477
東京都文京区湯島3-26-9
イヤサカビル
●問合せ 柴田書店営業部
TEL：03-5816-8282
http://www.shibatashoten.co.jp
◆本広告の価格は税別の定価表示です

**繁盛割烹に学ぶ店づくりと料理**

## 割烹あらかると
### お値打ち和食の一品料理

柴田書店編
B5変型判 296頁（内カラー 212頁）
●定価：本体3,200円＋税

飲食店激戦地の東京で連日満席の繁盛割烹10店の「一品料理」と「店づくり」を取材し、各店の人気の理由を解き明かした。6坪たらずの小規模店から2フロアで40坪以上の店まで、さまざまな規模の店が登場、いずれも客単価が5,000円から8,000円という手頃で値打ちのある店ばかり。この「工夫」にスポットをあてて各店の魅力と実力を紹介する。
243品のレシピのほか、少人数で切り盛りするための店づくりとメニュー構成、日本酒の売り方など、「繁盛のしくみ」をわかりやすく解説する。好評既刊『かじゅある割烹』の続編。

◆『割烹あらかると』の姉妹編

**料理と店づくりに見る、新しい割烹料理店の人気の理由**

## かじゅある割烹
### 日本料理のお値打ちコースと一品料理

柴田書店編 B5変型判 328頁（内カラー 240頁）●定価：本体3,200円＋税

飲んで食べて1万円でおつりがくる値打ちのある料理を提供している東京の割烹料理12店の、実際に提供しているコース料理と一品料理を紹介。店づくりや仕入れのコツなども併載。

### インバウンド時代の日本料理とは？

# 傳 でん
## 進化するトーキョー日本料理

**長谷川在佑著**
B5判 156頁（内カラー 112頁）
●定価：**本体2,800円＋税**

海外グルメからの注目度の高さで知られる小さな日本料理店、『傳』。
東京風の伝統日本料理を下敷きにしつつ、グローバルな視点で「ビギナーにもわかりやすいおいしさ」「日本ならではのおもてなし＋トラットリアのような親しみ」を追いかけている。当世、ストイックなこだわりだけでは日本料理ファン層は広がらない。外国人や日本の若い世代の「食べたい、知りたい」という素朴な興味に応え、楽しい体験を提供する傳の料理とは？ そのコース戦略、表現の工夫は訪日外国人を迎える料理店や旅館にも大きなヒントとなるはず。

※全レシピ、テキストとも英語を併記。

---

### 名店の味を支える仕事を全公開

# 鮨のすべて
## 銀座久兵衛 変わらぬ技と新しい仕事

**今田洋輔（銀座久兵衛）著**
B5変型判　オールカラー 288頁
●定価：**本体4,600円＋税**

鮨の名店「銀座久兵衛」を支えるのは、毎日の地道な仕込みとホスピタリティあふれる接客。ここにスポットをあてながら久兵衛の全仕事を解説した。シャリや煮きりなどの基本、43種の魚介の仕込みから握りまで写真を使って詳解。鮨店ならではのつまみ、ちらし、巻きものなども網羅した決定版。

### パティスリーの花形アイテム
### 「プチガトー」をレシピとともに紹介

## プチガトー・レシピ
### パティスリー 35店の
### 生菓子の技術とアイデア

café-sweets編集部編
B5変型判 オールカラー 180頁
●**本体2,500円+税**

ベテランから若手までキャリアの垣根を超えた注目35店の傑作プチガトー（小さなケーキ）をレシピとともに紹介。詳細なレシピからは、製法のポイントだけでなく、シェフや店の菓子づくりの考え方も見えてくる。また、80品を超えるプチガトーをずらりと並べたメニュー・カタログも掲載。多彩なスタイルやアイデアが詰まった、パティシエの創作意欲を刺激する1冊。
※本書は『café-sweets』に収録した内容から抜粋し、再編集したものです。

- 有名店・実力シェフのスタイル
- 注目世代のしなやかなアイデア
- 華麗なるチョコレート・テクニック
  の3章で構成。

---

### 店づくりの最新トレンド、開業のノウハウがわかる！

## 菓子店パン店
## 開業読本

柴田書店MOOK café-sweets別冊
A4変型判 188頁（内カラー 120頁）　●定価：**本体2,500円+税**

10坪前後の都市型店舗から60坪クラスの郊外型店舗まで、多様化・細分化する菓子店・パン店42の開業事例をきめ細かく紹介した。修業時代、開業までの経緯、物件探し、お金の問題、店づくり、商品開発、リニューアルなど情報満載。

---

### 「最高の1杯」に出合うための1冊！

## 紅茶 味わいの「こつ」　理解が深まるQ&A89

川崎武志、中野地 清香、水野 学 共著 A5判 212頁　●定価：**本体1,800円+税**

ダージリンはどんな産地ですか？ 紅茶は水出しでも楽しめますか？ …など、紅茶の「何？」「なぜ」を現役バイヤーが徹底解説。淹れ方、産地、製造方法から、今さら聞けない基礎知識まで収録した必読の最新「紅茶読本」。

**時代は「クラフト」!**
**スピリッツ業界のトレンドを徹底ガイド**

# クラフトスピリッツ

エリック・グロスマン著
B5変型判 オールカラー 224頁
●**定価：本体4,000円＋税**

★**2018年1月下旬刊**

クラフトスピリッツとは、高品質の材料とていねいな小規模生産にこだわった「手づくり」志向のスピリッツ製品のこと。ジン、ウオッカ、ウイスキー等、世界の注目の蒸留酒250銘柄をガイド。カクテル業界のトレンド、インフュージョン（自家製フレーバードスピリッツ）のヒント、ミクソロジストが提案する最新カクテルレシピも多数紹介。

※本書は2016年刊行の洋書『CRAFT SPIRITS』の日本語版です。

**知れば知るほどおもしろい！**

# プロのための貝料理

**貝図鑑と専門店の基本技術**
**和・洋・中・ベトナムの**
**貝料理バリエーション200**

柴田書店編
B5変型判 272頁（内カラー 176頁）
●**定価：本体3,500円＋税**

専門店がさまざまな貝の基本的な下処理や定番の料理を、そして、和・洋・中・ベトナム料理のシェフたちが、貝の持ち味を活かす魅力的な料理を多数紹介。ユニークな貝料理専門書である。貝をメニューの"ウリ"にするために役立つ1冊！

**ご注文方法**

①お近くの書店へご注文ください
②柴田書店カスタマーセンターへご注文ください
　TEL 048-989-6441　FAX 048-989-6443（営業時間 平日9:30～17:30）
③インターネットより柴田書店へご注文ください
　小社ホームページ　http://www.shibatashoten.co.jp

②・③のお申込みに際しての注意事項

●ご注文は前金制になります。お支払方法はPay-easy（ペイジー）、代金引換、クレジットカード（インターネットからのご注文のみ）からお選びください。ただし定期購読のお申込みに際しては、Pay-easy（ペイジー）とクレジットカードのみとさせていただきます。　●Pay-easy（ペイジー）をご利用のお客様には払込票をお送りいたしますので、支払期日までにお近くのコンビニエンスストアや郵便局などからお振込みください。入金の確認が出来次第、商品を発送いたします。　●送料は一律（500円＋税）ですが、一度のご注文で合計（本体2500円＋税）以上ご購入いただいた場合は無料です。代金引換をご希望のお客様は別途（300円＋税）の手数料が発生します。
●商品が品切れの場合もございます。あらかじめご了承ください。

ワイン講師陣がセレクト。
試験、仕事に役立つ3000語

## 新版 ワイン基礎用語集

遠藤 誠監修 四六判 532頁 ●定価：本体3,200円＋税

EUのワイン法改定や新興国の台頭など、最新情報に基づき全面改訂。第一線で活躍するワインスクール講師やソムリエが、「現場で必要な」用語をピックアップし「テーマ別」「五十音順」に収載。テイスティング用語やブドウ600品種一覧、地図で覚えるワイン産地など付録も充実。

---

食の専門家、フードコーディネーターのバイブル！

**新年度版**

## フードコーディネーター教本 2018 3級資格認定試験対応テキスト

特定非営利活動法人 日本フードコーディネーター協会著
A5判 320頁（内カラー 4頁） ●定価：本体3,000円＋税

フードコーディネーターに必要な基礎知識を、「文化」「科学」「デザイン・アート」「経済・経営」の4分野に分け、体系的にわかりやすく解説。資格取得をめざす人だけでなく、食の世界を学びたい人にも必携の一冊。

**出題傾向がわかる最新版！**

## フードコーディネーター 過去問題集
### 3級資格認定試験 2014～2016

日本フードコーディネーター協会著 A5判 100頁 ●定価：本体1,800円＋税

---

調味料を知り、味わい、使いこなす！

## プロのための 調味料図鑑

柴田書店MOOK
A4変型判 212頁（内カラー 204頁） ●定価：本体2,600円＋税

**最新カタログ 850アイテム掲載！**

塩、砂糖、酢、醤油、ソース、だし…等々、「調味料」の最新商品情報が満載。「基礎知識」「図鑑（カタログ）」「調味料選び＋料理アレンジ」の各パートを通して、プロに調味料との新しい出合いを提供する充実の1冊！

◆調味料の基礎知識
◆トップシェフ＆スペシャリストが教える調味料選び
◆あなたの知らない調味料
◆糖質制限へのアプローチ素材
◆国際エキストラバージンオリーブオイルコンテスト 2017受賞品一挙掲載！

## 月刊 専門料理

昭和41年の創刊以来、50年に渡り日本の料理界を最前線で伝え続けてきた、プロのためのハイクオリティ誌

毎月19日発売　定価:本体1,400円＋税　A4変型判　約160頁

日本料理、イタリア料理、フランス料理、中国料理、その他各国料理の技術と情報が満載。カラー写真を豊富に使い、料理人の方々が必要とする技術や食材にまつわる情報を、詳しくわかりやすくお伝えします。新進気鋭の料理人や話題の食のトピックもいち早く紹介。斯界の第一人者による強力連載も多数掲載。

●電子版もございます（詳細はホームページへ）

## 月刊食堂

フードビジネスの世界を、全方向から深く見つめ続ける、外食産業のための経営誌

毎月20日発売　定価:本体1,400円＋税　A4変型判　約120頁

激動する外食産業。勢いのある外食のあらゆる業種・業態を徹底取材。強い企業の成長グラフ、売れる飲食店の経営データを豊富な図表で紹介。最新の話題の店舗や繁盛店、人気メニューの紹介から、業界トップへのインタビュー、経営コンサルタントの執筆陣による連載、海外事情まで、生きた情報をお届けします。

## 月刊 ホテル旅館

ホテル・旅館業界、宿泊産業の最新情報を伝える、国内唯一の専門月刊誌

毎月22日発売　定価:本体2,000円＋税　A4変型判　約160頁

都市ホテルからビジネスホテル、温泉・観光地旅館関係者必読の経営誌。経営戦略、投資から、設備、料理、現場で働く人の実務に関することまで、さまざまな情報を満載し、宿泊産業を強力にバックアップします。最新の海外情報も毎月掲載。『Cornell Hospitality Quarterly』誌と提携しています。

●電子版もございます（詳細はホームページへ）

## café-sweets

柴田書店MOOK ●[カフェ-スイーツ]

菓子・パン職人、カフェ好きの皆様、そして開業希望者も楽しく読める、製菓・製パン、カフェの専門誌

偶数月5日発売　定価:本体1,300円＋税　A4変型判　約150頁

製菓、製パン、喫茶の各業界人、その分野に興味を持つ読者へ向けた雑誌です。ケーキ、デザート、パン、コーヒー、カフェといった多岐にわたる特集を柱に、国内外の話題店を紹介。菓子の技術や海外情報等の連載も充実。時代・流行の変化、ニーズを的確に捉え、人気メニューや開業情報等最新情報をお届けします。

●電子版もございます（詳細はホームページへ）

《メニューバリエーション ------ サントノーレ》

### サントノーレ・マタン
### Saint-Honoré matin

マカロン生地を使ったオリジナル菓子「マタン」(P.94)のサントノーレバージョン。ここでは、ヨーグルトのジュレをセンターに、その下にパッションフルーツとアプリコットのジュレを組み込み、オレンジの香りをつけたホワイトチョコレートのクレーム・シャンティイでデコレーション。プチシューには、パッションフルーツとオレンジのクリームとコンフィチュールを詰めた。

### サントノーレ・ピスターシュ
### Saint-Honoré pistache

新緑の時期をイメージしたサントノーレ。ピスタチオのこくのある味わいに、フランボワーズとグリオットチェリーの甘ずっぱさを重ねた。グリオットチェリーはひと手間かけて、みずみずしさと凝縮感を併せもつシロップ漬けに加工し、フランボワーズとグロゼイユのジュレとともにセンターに配置。プチシューからは、フランボワーズのコンフィチュールとピスタチオのクレーム・パティシエールがとび出す。

------- 冴える食感のコントラスト

### リュバーブ×イチゴが生み出す、酸味のきいたチャーミングな味

色や繊維の質感の類似性から相性がよいと考え、リュバーブはイチゴとともにコンポートに仕立てたのち、板状のジュレに加工。キリッとしたリュバーブの酸味がイチゴによって適度にやわらぎ、こくのあるクレーム・ディプロマットと調和する。

ミルフィーユ・ミストラル
Mille-feuille mistral

フレッシュ、キルシュ漬け、コンポート。
仕立ての異なるイチジクを一つに

イチジクの土っぽいような独特の香りは、濃厚なクリームと相性がよい。しかし、フレッシュのものだけだと味の印象が弱いため、キルシュで和えたものやコンポートに仕立てたイチジクも組み込み、濃厚なクリームにも負けない力のある風味をアピール。

ミルフィーユ・フィグ・キャラメル
Mille-feuille figue caramel

## ミルフィーユ・ミストラル　Mille-feuille mistral

[材料]

**リュバーブのコンポート**
《つくりやすい分量》
リュバーブ……300g
水……少量
レモン果汁……30g
グラニュー糖……45g

**リュバーブとイチゴのジュレ**
《8個分》
リュバーブのコンポート……上記より40g
板ゼラチン（氷水でもどす）……1.6g
グラニュー糖……2.8g
イチゴ……62g

**パッションフルーツとオレンジの
クレーム・シャンティイ**
《8個分》
パッションフルーツとオレンジの
　コンフィチュール（参考 P.151）……30g
クレーム・シャンティイ（P.148）……210g

**組立て・仕上げ**
《1個分》
パート・フイユテ（9×3cm／P.135）……2枚
クレーム・ディプロマット（P.149）……40g
イチゴ（スライスする）……2枚
ナパージュ・ヌートル……適量

[構成]

パッションフルーツとオレンジの
クレーム・シャンティイ
イチゴ
クレーム・ディプロマット
リュバーブとイチゴのジュレ
パート・フイユテ

[つくり方]

**リュバーブのコンポート**
1　リュバーブは端の固い部分を切り落とし、幅1.5～2cmに切り分ける。
2　1を鍋に入れ、水とレモン果汁、グラニュー糖を加えて火にかける。適宜ふたをし、リュバーブに火を入れる。　A
3　リュバーブがある程度やわらかくなったら、混ぜながら煮くずれるまで加熱する。ボウルに移し、温かいうちにジュレに使用する。　B

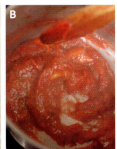

**リュバーブとイチゴのジュレ**
1　リュバーブのコンポートが温かいうちに、もどした板ゼラチンとグラニュー糖を加えて混ぜ溶かす。　A
2　イチゴは適当な大きさにきざみ、高さのある容器に入れる。　B

**3** **2**に**1**を加え、スティックミキサーでリュバーブの繊維を切るように撹拌する。ボウルに移し、底に氷水をあてて混ぜながら冷ます。　C

**4** プラックにフィルムを貼り、18×12cmのカードルをのせて**3**を流す。冷凍庫で冷やし固める。　D

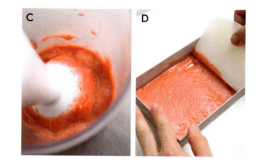

### パッションフルーツとオレンジのクレーム・シャンティイ
**1** 材料を混ぜ合わせる。

### 組立て・仕上げ
**1** 9×3cmに切ったパート・フイユテを焼き面を下にして置き、クレーム・ディプロマットを口径1.3cmの丸口金をつけた絞り袋で2筋絞る。これを2つ用意する。　A

**2** 冷やし固めたリュバーブとイチゴのジュレを9×3cmに切り分け、**1**の1つにのせる。その上に残りの**1**をクレーム・ディプロマットを下にして重ねる。ジュレをクリームでサンドしたかたちになる。　B〜D

**3** **2**を横に倒し、上面にパッションフルーツとオレンジのクレーム・シャンティイをバラ口金をつけた絞り袋で30g絞る。スライスしたイチゴにナパージュ・ヌートルをぬって飾る。　E〜F

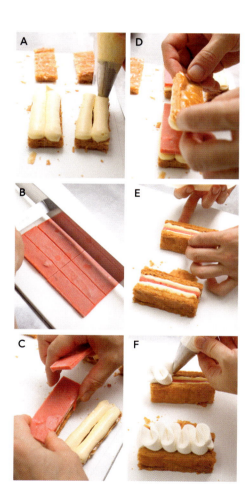

## ミルフィーユ・フィグ・キャラメル Mille-feuille figue caramel

[材料]

**イチジクのコンポート**
《つくりやすい分量》
ドライイチジク……約10個
シロップ（ボーメ度30）……200g
水……40g

**キャラメルのクレーム・シャンティイ**
《8個分》
キャラメルベース……でき上がりより40g
┌ 生クリーム（乳脂肪分35％）……135g
│ グラニュー糖……150g
│ バター……25g
└ 塩……0.4g
クレーム・シャンティイ（P.148）……200g

**イチジクのキルシュ和え**
《つくりやすい分量》
イチジク（生）……適量
キルシュ……適量
粉糖……適量

**組立て・仕上げ**
《1個分》
パート・フイユテ（9×3cm／P.135）……2枚
クレーム・ディプロマット（P.149）……40g
グロゼイユのコンフィチュール（参考P.151）……適量
イチジク（生／くし形に切る）……2切れ

[構成]

- イチジク（生）
- キャラメルのクレーム・シャンティイ
- グロゼイユのコンフィチュール
- クレーム・ディプロマット／イチジクのキルシュ和え／イチジクのコンポート
- パート・フイユテ

[つくり方]

**イチジクのコンポート**
1　ドライイチジクに真横から切り込みを入れ、半割りにする。A
2　鍋にシロップと水を入れ、1を加えて火にかける。B
沸騰したら弱火にして3〜4分煮る。火を止め、そのまましばらくおいて冷ます。

**キャラメルのクレーム・シャンティイ**
1　キャラメルベースをつくる。鍋に生クリームを入れて火にかける。
2　別の鍋にグラニュー糖の少量を入れて火にかける。A
ときどきゆすりながら加熱し、溶けたらグラニュー糖を足し入れる。これをくり返し、分量のグラニュー糖を溶かす。写真Aのような色になったらいったん火を止める。
3　しばらくすると余熱でさらに熱せられ、細かな泡が浮いてくる。そのタイミングでバターを加え、続けて1を少量加え混ぜる。

4　残りの**1**を加え、ふたたび火にかけて混ぜる。全体がなじんだら火からおろし、塩を加え混ぜる。底に氷水をあてて、ときどき混ぜながら冷ます。 B〜C

5　キャラメルのクレーム・シャンティイを仕上げる。ボウルにキャラメルベースを入れ、クレーム・シャンティイを2回に分けて加え、そのつど混ぜ合わせる。 D

### イチジクのキルシュ和え

1　イチジクを頭を落として皮つきのまま縦に半割りにし、5mm角程度に切る。ボウルに移してキルシュを加え混ぜ、粉糖をふって和える。そのまま10分ほどおく。 A〜B

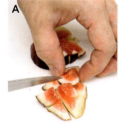

### 組立て・仕上げ

1　イチジクのコンポートを汁けをふきとって5mm角程度に切る。

2　9×3cmに切ったパート・フイユテ1枚を焼き面を下にして置き、クレーム・ディプロマットを口径1.3cmの丸口金をつけた絞り袋で2筋絞る。 A

3　イチジクのキルシュ和えの汁けをふきとる。これと**1**を**2**に4切れずつ交互に並べる。 B

4　**3**にクレーム・ディプロマットを2筋絞り、パート・フイユテ1枚を焼き面を上にして重ねる。 C〜D

5　**4**を横に倒し、クレーム・ディプロマットの合わせ目にグロゼイユのコンフィチュールをコルネで1筋絞る。 E

6　上面にキャラメルのクレーム・シャンティイを星口金をつけた絞り袋で30g絞り、くし形に切った生のイチジクを飾る。 F

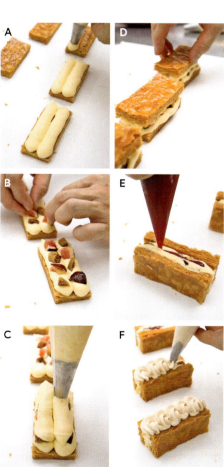

83

《メニューバリエーション ------ ミルフィーユ》

### ミルフィーユ・オ・ショコラ
#### Mille-feuille au chocolat

フルーツ不使用のシンプルなミルフィーユ。アングレーズベースのチョコレートのクリームをパート・フイユテでサンドした。クリームは板ゼラチンで固めて保形性を高めつつ、配合の微妙な調整で口溶けのよさも打ち出した。開発段階ではチョコレートを合わせたクレーム・パティシエールとパート・フイユテを合わせることも検討したが、食味が重たい印象になってしまうため、アングレーズベースのチョコレートのクリームを採用した。

### ミルフィーユ・エスカルゴ
#### Mille-feuille escargot

クレーム・オ・ブールとレモンのクリームを合わせてレモンの酸味で軽やかさを出したムースリーヌを、パート・フイユテでサンド。下段のクリームの間には、ドライフルーツとナッツのペーストを層にしてたっぷりと組み込み、凝縮感のあるフルーツの味わいをプラスしながら、食感にも変化を出した。上面に粉糖で水玉模様を描き、愛らしいデザインに。

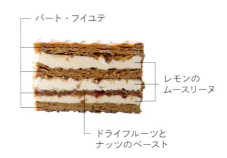

リョウラの職場環境

## 気がついたらスタッフ全員が女性

　現在、自分を含めて厨房は7人でまわしています。ホールには専属のスタッフが1人いて、そこに厨房スタッフの1人が時間帯によってヘルプとして入るかたちです。スーシェフのポジションは、生菓子と焼き菓子に1人ずつ置いています。互いに意見を言い合える同等な立場の人がいるほうが、スムーズに仕事をするためのアイデアも、菓子づくりのアイデアも生まれやすいと思うんです。

　今のご時世、「人がいない」と困っているパティスリーも多くあるようですが、その点については今のところ、うちは恵まれていると思います。ただ、今後、店をスケールアップさせていくにあたっては、新しい戦力が必要になる場合もあると思います。採用するしないは、面接を経て判断しますが、基本的には経験者しかとりません。それは、たんに即戦力になる人がほしいということではないんです。ほかの店での経験と照らし合わせながらうちの仕事を覚えていくことで、こんなやり方もある、あんなやり方もあると、いろいろな角度から新たな学びが得られると思うのです。

　現在、スタッフは自分を除いて女性のみです。結果的にそうなったのですが、女性が中心でも問題なく円滑に店がまわるようにしよう、また、女性も気持ちよく働けるような職場環境にしようと、意識的にとり組んできた部分はあります。店をつくる段階から、将来、女性が活躍する職場になる可能性もあると考えていたんです。たとえば、厨房の仕事はポジションを細かく分けていて、スタッフには3つ以上のポジションを覚えてもらっています。チームとしてみんなで助け合えるようにするための施策の一つです。

　そうした仕組みだけではなく、小さなことも大切。日々、仕事のあとには店をきちんと清掃していますし、食材や調理道具の整理整頓もみんなで心がけています。ダスター（ふきん）もまめに新品にとり替えます。小さなことの積み重ねも、働きやすさ、ひいてはスタッフのモチベーションアップにつながると思います。

みずみずしいモモの味わいを
おだやかな甘さのクリームでまとめる

パータ・フォンセにモモのシロップ漬けをたっぷりと詰めた、モモが主役の1品。シナモンがふわっと香るクレーム・シブーストは、フレンチメレンゲを合わせる製法でやさしい甘さに着地させ、ブラックベリーのソースを組み込んで全体の味を引き締めた。

シブースト・オ・ペッシュ
Chiboust aux peches

［材料］

**ブラックベリーのソース**
《つくりやすい分量》
ブラックベリー……100g
グラニュー糖……15g
板ゼラチン（氷水でもどす）……1.5g

**モモのシロップ漬け**
《10個分》
シロップ（ボーメ度30）……500g
レモン果汁……50g
粉糖……140g
ピーチリキュール……4g
モモ……3個

**クレーム・シブースト**
《12個分》
牛乳……250g
シナモンスティック……2本
卵黄……75g
グラニュー糖……40g
カスタードパウダー……20g
板ゼラチン（氷水でもどす）……6g
卵白……150g
グラニュー糖……45g

**組立て・仕上げ**
《1個》
パータ・フォンセ（P.140）……1個
グラニュー糖……適量
粉糖……適量
ブラックベリー……2個
ナパージュ・ヌートル……適量

［構成］

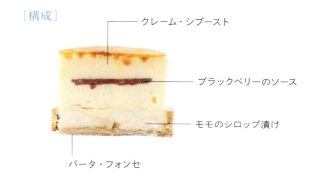

- クレーム・シブースト
- ブラックベリーのソース
- モモのシロップ漬け
- パータ・フォンセ

［つくり方］

**ブラックベリーのソース**

**1** 鍋にブラックベリーとグラニュー糖を入れて弱火にかけ、ゴムベラで軽くつぶしながら加熱する。　A

**2** ひと煮立ちしたら火からおろし、もどした板ゼラチンを加えて混ぜ溶かす。　B〜C

**3** 直径5cmのフレキシパンに6gずつ流し、冷凍庫で冷やし固める。　D

## モモのシロップ漬け

1　ボウルにシロップ、レモン果汁、粉糖を入れて泡立て器で混ぜる。ピーチリキュールを加え混ぜる。　A-B

2　モモの皮をむき、放射状に包丁を入れて実を切り出す。これを1に加え、ラップを落として冷蔵庫に30分おく。　C-D

## クレーム・シブースト

1　鍋に牛乳を入れて火にかける。沸いたらシナモンスティックを加えて火を止め、ふたをして10分おく。

2　ボウルに卵黄を入れて溶きほぐし、グラニュー糖とカスタードパウダーを加えてすり混ぜる。　A

3　2に1を網で漉して少量加え、泡立て器で混ぜ合わせる。

4　3に残りの1を網で漉して加え混ぜる。ボウルごと火にかけ、泡立て器で絶えず混ぜながら炊く。光沢が出て、すくうとボタッと落ちるくらいの固さになったら火からおろす。　B-C

5　4を網で漉してボウルに移し、もどした板ゼラチンを加えて泡立て器で混ぜ溶かす。　D

6　ミキサーボウルに卵白を入れ、ホイッパーで撹拌する。細かな気泡ができてきたらグラニュー糖を3回に分けて加え、しっかりとした角が立つまで撹拌する。　E
⇒Point ❶

7　5に6の一部を加えて泡立て器で混ぜ、全体がなじんだら残りの6を加えてゴムベラで底から返すようにして混ぜる。　F

**Point**

❶　ここでは、泡立てた卵白にグラニュー糖を合わせてつくるフレンチメレンゲを使用。泡立てた卵白に熱々のシロップを合わせてつくるイタリアンメレンゲに比べ、グラニュー糖の使用量が少ないぶん、クリームがおだやかな甘みに仕上がる。

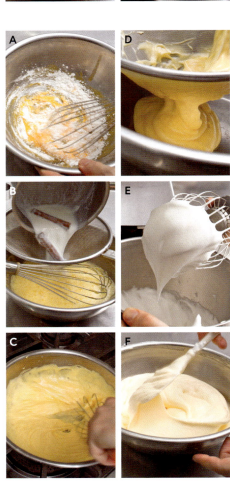

88　冴える食感のコントラスト・シブースト

## 組立て・仕上げ

1　モモのシロップ漬けの汁けをふきとり、焼いたパータ・フォンセに敷き詰める。その上にクレーム・シブーストをパレットナイフでぬり、パータ・フォンセの縁の高さに合わせて平らにならす。冷蔵庫で冷やす。　　　　　A~B

2　直径6×高さ3cmのセルクルにクレーム・シブーストを8分目の高さまで絞る。　　　　　　　　　　　　　C

3　2に冷やし固めたブラックベリーのソースをのせ、手で少し押し込む。クレーム・シブーストを絞ってブラックベリーのソースをおおい、セルクルの高さに合わせてパレットナイフで平らにならす。冷凍庫で冷やし固める。しばらく経ったらいったん冷凍庫からとり出し、沈んだ部分にクレーム・シブーストを絞って平らにならす。冷凍庫で冷やし固める。⇨Point ❶　　　　　D~F

4　3のセルクルをはずし、1にのせる。　　　　　G

5　上面にグラニュー糖をふり、焼きごてをあてて焦がす。ショックフリーザーで冷やし固める。これをもう一度を行う。さらに粉糖を茶漉しでふり、ふたたび焼きごてをあてて焦がし、ショックフリーザーで冷やし固める。⇨Point ❷　　　　　　　　　　　　　　　H~J

6　ブラックベリーにナパージュ・ヌートルをぬり、5に飾る。

### Point

❶　セルクルに入れたクレーム・シブーストは冷やすと表面が沈むため、ある程度冷やしたらいったん冷凍庫からとり出して沈んだ部分にクレーム・シブーストをおぎなう。

❷　クレーム・シブーストの表面をキャラメリゼするときは、段階的に層を厚くし、色を濃くしていくイメージで、数回に分けて作業する。

### シブースト、味づくりのヒント

リョウラのシブーストは、フルーツなどを詰めた土台が主役です。しかし、全体の味のバランスをとるカギは、クレーム・シブーストにあります。フレンチメレンゲを使うのか、イタリアンメレンゲを使うのか、またバニラやシナモンの香りをプラスするのか、コーンスターチを配合するのかなど製法を検討し、主役のフルーツを引き立てながらぴたっと調和する味、香り、食感をめざします。

**濃厚なリンゴのソテーが主役。
クリームはキレのある甘さに**

パータ・フォンセの中には、キャラメルをまとったリンゴのソテーがぎっしり。リンゴのソテーの味が強いぶん、クレーム・シブーストはイタリアンメレンゲを合わせる製法でキレのある甘さを表現し、バニラの香りもプラスして軽やかな印象に。ぶ厚いシブーストの中に潜む、グロゼイユのジュレが味のアクセント。

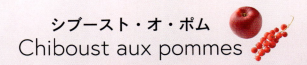

シブースト・オ・ポム
Chiboust aux pommes

［材料］

**リンゴのソテー**
《つくりやすい分量》
リンゴ（紅玉）……1個
リンゴ（ふじ）……1個
バター……30g
バニラビーンズ……1/4本
グラニュー糖……65g

**クレーム・シブースト**
《10個分》
牛乳……190g
バニラビーンズ……1/6本
卵黄……90g
グラニュー糖……80g
カスタードパウダー……25g
コーンスターチ……5g
バニラペースト……1g
板ゼラチン（氷水でもどす）……8g
グラニュー糖……180g
水……60g
卵白……90g

**グロゼイユのジュレ**
《つくりやすい分量》
グロゼイユピュレ……120g
フランボワーズピュレ……30g
板ゼラチン（氷水でもどす）……3.6g
グラニュー糖……24g
トレハロース……8g

**組立て・仕上げ**
《1個分》
パータ・フォンセ（P.140）……1個
グラニュー糖……適量
粉糖……適量
グロゼイユ……適量

［構成］

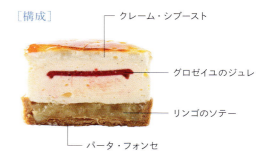

― クレーム・シブースト
― グロゼイユのジュレ
― リンゴのソテー
― パータ・フォンセ

［つくり方］

**リンゴのソテー**
**1** リンゴは皮をむいて6等分に切り、芯を切り落とす。 A
1〜1.5cm角に切る。
**2** フライパンにバターを入れて弱火にかけ、バター B~C
が溶けたら、**1**、バニラビーンズ、グラニュー糖を加え、
ときどき混ぜながらリンゴに火を入れる。
**3** リンゴが煮くずれて多少固まりの残るペースト状に D
なったら、火からおろす。バットに広げ、そのまましば
らくおいて冷ます。

91

クレーム・シブースト

1　鍋に牛乳とバニラビーンズを入れ、火にかけて沸かす。
2　ボウルに卵黄を入れて溶きほぐし、グラニュー糖、カスタードパウダー、コーンスターチを加えてすり混ぜる。
3　2に1を少しずつ加え、泡立て器で混ぜ合わせる。 A
バニラペーストを加え混ぜる。
4　3をボウルごと火にかけ、泡立て器で絶えず混ぜな B
がら炊く。光沢が出て、すくうとボタッと落ちるくらいの固さになったら火からおろす。
5　4を網で漉してボウルに移し、もどした板ゼラチン C
を加えて泡立て器で混ぜ溶かす。
6　鍋にグラニュー糖と水を入れ、116℃になるまで加熱する。
7　ミキサーボウルに卵白を入れ、ホイッパーで撹拌す D-E
る。ある程度泡立ったら、6を加えてしっかりとした角が立つまで撹拌する。⇨ Point ❶
8　5に7の一部を入れて泡立て器で混ぜ、全体がな F
じんだら残りの7を加えてゴムベラで底から返すようにして混ぜる。

**Point**
❶　ここでは、泡立てた卵白に熱々のシロップを合わせてつくるイタリアンメレンゲを使用。泡立てた卵白にグラニュー糖を合わせてつくるフレンチメレンゲを使うのに比べ、クリームがキレのある甘さに仕上がる。

グロゼイユのジュレ

1　ボウルにグロゼイユピュレとフランボワーズピュレを入れ、電子レンジで40℃程度になるまで加熱する。
2　もどした板ゼラチン、グラニュー糖、トレハロース A
を順に加え、そのつど混ぜ溶かす。
3　直径5cmのフレキシパンに8gずつ流し、冷凍庫で B
冷やし固める。

92　冴える食感のコントラスト・シブースト

## 組立て・仕上げ

**1** 直径6×高さ3cmのセルクルにクレーム・シブーストを8分目の高さまで絞り、スプーンの背でクリームを縁まで広げる。　A–B

**2** 1に冷やし固めたグロゼイユのジュレを入れ、クレーム・シブーストを絞ってジュレをおおい、セルクルの高さに合わせてスプーンの背で平らにならす。冷凍庫で冷やし固める。しばらく経ったらいったん冷凍庫からとり出し、沈んだ部分にクレーム・シブーストを絞って平らにならす。冷凍庫で冷やし固める。⇨Point ❶　C–D

**3** 焼いたパータ・フォンセに、リンゴのソテーを縁いっぱいまで詰める。　E

**4** 2のセルクルをはずし、3にのせる。　F

**5** 上面にグラニュー糖をふり、焼きごてをあてて焦がす。ショックフリーザーで冷やし固める。これをもう一度行う。さらに粉糖を茶漉しでふり、ふたたび焼きごてをあてて焦がし、ショックフリーザーで冷やし固める。⇨Point ❷　G–J

**6** 5にグロゼイユを飾る。

### Point

❶ セルクルに入れたクレーム・シブーストは冷やすと表面が沈むため、ある程度冷やしたらいったん冷凍庫からとり出して沈んだ部分にクレーム・シブーストをおぎなう。

❷ クレーム・シブーストの表面をキャラメリゼするときは、段階的に層を厚くし、色を濃くしていくイメージで、数回に分けて作業する。

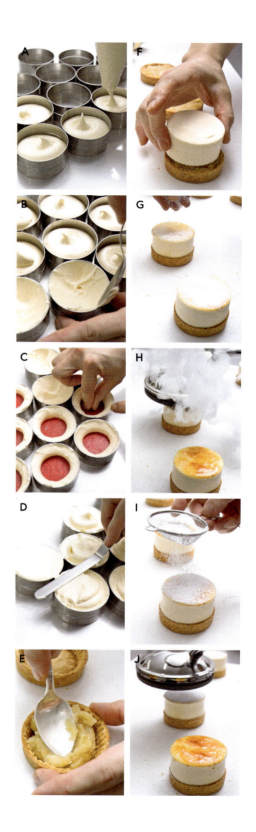

## 心に残るオリジナル菓子

### フルーツとヨーグルトで"朝"を表現。パーツの風味を調整し、生地との一体感を高める

フルーツとヨーグルトの組合せをテーマにした、フランス語で「朝」を意味する「マタン」。ポイントは、ジュレに冷凍のアプリコットを加えること。ピュレではなく冷凍を用いることで素材本来の土っぽい風味が加わり、パータ・マカロンのアーモンドの風味となじみやすくなる。また、ムースもすっきりとした味わいだとパータ・マカロンと調和しにくいため、ホワイトチョコレートでこくを出した。

マタン
Matin

[材料]

**ヨーグルトのジュレ**
《30個分》
ヨーグルト……330g
板ゼラチン（氷水でもどす）……3.5g
トレハロース……15g
グラニュー糖……60g
レモン果汁……2g

**パッションフルーツと
オレンジのクリーム**
《30個分》
パッションフルーツピュレ……65g
オレンジピュレ……10g
全卵……50g
卵黄……42g
グラニュー糖……40g
板ゼラチン（氷水でもどす）……0.8g
バター（やわらかくする）……50g

**パッションフルーツとオレンジと
アプリコットのジュレ**
《30個分》
パッションフルーツピュレ……120g
オレンジピュレ……90g
アプリコット（冷凍）……60g
板ゼラチン（氷水でもどす）……3.7g
トレハロース……7.5g
グラニュー糖……20g

**ホワイトチョコレートのムース**
《20個分》
ホワイトチョコレート……120g
牛乳……84g
生クリームA（乳脂肪分35%）……84g
卵黄……34g
グラニュー糖……18g
板ゼラチン（氷水でもどす）……3.6g
生クリームB（乳脂肪分35%）……270g

**ホワイトチョコレートと
オレンジのクレーム・シャンティイ**
《30個分》
ホワイトチョコレート……165g
生クリームA（乳脂肪分35%）……110g
水アメ……12g
転化糖……12g
板ゼラチン（氷水でもどす）……3g
オレンジの皮……10g
生クリームB（乳脂肪分35%）……300g

**組立て・仕上げ**
《1個分》
オレンジ……3切れ
パータ・マカロン（黄／P.146）
　……2枚
シロップ*……適量
ココナッツファイン……適量
粉糖……適量

＊シロップ（ボーメ度30）、パッションフルーツピュレ、オレンジピュレを2対1対1で混ぜ合わせる。

[構成]

パータ・マカロン
ホワイトチョコレートとオレンジのクレーム・シャンティイ
オレンジ
ヨーグルトのジュレ
パッションフルーツとオレンジとアプリコットのジュレ
パッションフルーツとオレンジのクリーム
ホワイトチョコレートのムース

[つくり方]

**ヨーグルトのジュレ**
1　ボウルにヨーグルトの一部を入れ、電子レンジで40℃程度になるまで加熱する。
2　1にもどした板ゼラチンを混ぜ溶かす。残りのヨーグルトの一部を加え混ぜ、電子レンジで40℃程度になるまで加熱する。
3　別のボウルに残りのヨーグルトを入れ、トレハロース、グラニュー糖を加え混ぜる。これに2を加え混ぜ、全体がなじんだらレモン果汁を加え混ぜる。　A
4　直径5cmのフレキシパンにデポジッターで8gずつ流す。ショックフリーザーで冷やし固める。　B

## パッションフルーツとオレンジのクリーム

1　ボウルにパッションフルーツピュレとオレンジピュレを入れ、電子レンジで40℃程度になるまで加熱する。
2　別のボウルに全卵、卵黄、グラニュー糖を入れてすり混ぜる。
3　2に1を加え、泡立て器で混ぜ合わせる。
4　3のボウルを火にかけて泡立て器で混ぜながら炊く。 A
炊き上がったら火を止め、もどした板ゼラチンを加え混ぜる。
5　4を網で漉してボウルに移し、バターを加える。全 B-C
体がなじんでなめらかになるまでスティックミキサーで撹拌する。
6　直径5cmのフレキシパンにデポジッターで10gずつ D
流す。ショックフリーザーで冷やし固める。

## パッションフルーツとオレンジとアプリコットのジュレ

1　ボウルにパッションフルーツピュレとオレンジピュレを入れ、電子レンジで40℃程度になるまで加熱する。
2　アプリコットを凍っているうちに5mm角程度にきざむ。 A
⇒Point ❶
3　1に2を加え、続けてもどした板ゼラチンを加えて B
混ぜ溶かす。ゼラチンが溶けたらトレハロースとグラニュー糖を加え混ぜる。⇒Point ❶
4　ボウルの底に氷水をあてて混ぜながら17〜18℃に C
なるまで冷ます。
5　パッションフルーツとオレンジのクリームを流したフ D
レキシパンに10gずつスプーンで流す。ショックフリーザーで冷やし固める。

**Point**
❶　冷凍のアプリコットは解凍すると変色してしまうため、凍った状態できざむ。また、ピュレに含まれる色止め成分を利用し、きざんだアプリコットはすぐにピュレと混ぜ合わせて変色を防ぐ。

## ホワイトチョコレートのムース

1　ボウルにホワイトチョコレートを入れ、湯煎にして溶かす。溶かし終えたときの温度の目安は45℃。
2　鍋に牛乳と生クリームAを入れて沸かす。
3　別のボウルに卵黄とグラニュー糖を入れてすり混ぜる。
4　3に2の少量を加え混ぜ、続けて残りの2を加える。
火にかけて82℃になるまで混ぜながら加熱する。
5　4にもどした板ゼラチンを加え混ぜ、網で漉す。
6　1に5を少量加え混ぜ、分離させる。写真Bのよう A-D
に分離したら残りの5を少しずつ加え混ぜる。混ぜ終わりの温度の目安は31〜33℃。⇒Point ❶

96　心に残るオリジナル菓子・パータ・マカロンを使った菓子

7 ボウルに生クリームBを入れ、ゆるめに泡立てる。
8 6に7の一部を加え混ぜ、続けて残りの7を合わせる。　E
9 フィルムを敷いたプラックに直径6.5×高さ1.6cmのセルクルを並べ、8をセルクルの6分目の高さまで絞る。
10 重ねて冷やし固めたパッションフルーツとオレンジ　F
とアプリコットのジュレとパッションフルーツとオレンジのクリームを、ジュレの面を上にして9の中央にのせ、指で押し込む。その上から再度8を絞り、パレットナイフで表面を平らにならして型の高さにととのえる。ショックフリーザーで冷やし固める。

## Point
❶ ホワイトチョコレートに、まず炊いたクリーム（アングレーズ）を少量混ぜていったん分離させ、そこに残りのアングレーズを加えて溶きのばしていくイメージで作業するとなめらかに仕上がる。一気にアングレーズを加えると材料どうしの結びつきが不安定になり、しっかりとつながらない。

### ホワイトチョコレートとオレンジのクレーム・シャンティイ
1 ボウルにホワイトチョコを入れ、湯煎にして溶かす。
2 鍋に生クリームA、水アメ、転化糖を入れて火にかける。沸いたら火からおろし、もどした板ゼラチンを加えて混ぜ溶かす。　A
3 1に2を加え混ぜる。続けてオレンジの皮を加える。　B-C
4 3に生クリームBを少しずつ加えながら混ぜる。保存容器に移し、冷蔵庫に1晩おく。⇨Point ❶　D

## Point
❶ 1晩おくと材料どうしの結びつきが安定し、泡立ちがよくなる。

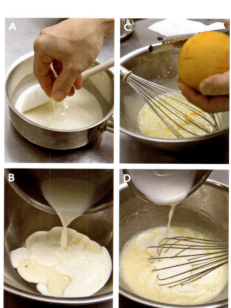

### 組立て・仕上げ
1 オレンジは果肉を切り出し、1cm角程度に切り分ける。
2 冷蔵庫に1晩おいたホワイトチョコとオレンジのクレーム・シャンティイを泡立て器で角が立つまで泡立てる。
3 パータ・マカロン2枚の裏面にシロップを刷毛でぬる。
4 冷やし固めたホワイトチョコレートのムースの側面にココナッツファインを貼りつけ、3の1枚にのせる。
5 4にヨーグルトのジュレをのせ、ホワイトチョコレートとオレンジのクレーム・シャンティイを星口金をつけた絞り袋でジュレをおおうように絞る。　A
6 切ったオレンジを汁けをふきとって5の中央にのせる。ホワイトチョコレートとオレンジのクレーム・シャンティイを絞ってオレンジをおおい、残りのパータ・マカロンを重ねる。定規をあてて粉糖を茶漉しでふる。　B

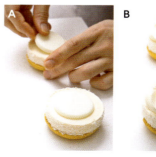

97

際立つベリーの香り。
甘ずっぱいジュレの余韻を
ムースリーヌで引きのばす

パータ・マカロンのアーモンドの風味と調和させるため、リュバーブやイチゴなど土っぽいニュアンスのある素材をジュレに仕立てて、ムースリーヌに組み込んだ。油脂分の高いムースリーヌが、ジュレの香りの余韻を引きのばしつつ、生地との一体感を高める。カシスのクレーム・シャンティイで軽やかさをおぎない、フレッシュのフルーツを添えてみずみずしさもプラスした。

マチュリテ
Maturité

［材料］

**リュバーブのコンポート**
《つくりやすい分量》
リュバーブ……300g
水……少量
レモン果汁……30g
グラニュー糖……45g

**リュバーブとイチゴのジュレ**
《60個分》
リュバーブのコンポート……上記より180g
イチゴピュレ……285g
グラニュー糖……15g
板ゼラチン（氷水でもどす）……4.6g

**クリームチーズのムースリーヌ**
《10個分》
クレーム・オ・ブール（P.150）……110g
クリームチーズ……170g
クレーム・パティシエール（P.148）……120g

**カシスのクレーム・シャンティイ**
《10個分》
クレーム・パティシエール（P.148）……150g
カシスのコンフィチュール（P.151）……20g

**組立て・仕上げ**
《1個分》
パータ・マカロン（赤／P.146）……2枚
シロップ（ボーメ度30）……適量
イチゴ（半割りにする）……4切れ
ブラックベリー……1個
フランボワーズ……2〜3個
ブルーベリー……1個
ナパージュ・ヌートル……適量
粉糖……適量

［構成］

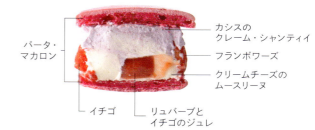

パータ・マカロン / カシスのクレーム・シャンティイ / フランボワーズ / クリームチーズのムースリーヌ / イチゴ / リュバーブとイチゴのジュレ

［つくり方］

**リュバーブのコンポート**

**1** リュバーブは端の固い部分を切り落とし、幅1.5〜2cmに切り分ける。
**2** 1を鍋に入れ、水とレモン果汁、グラニュー糖を入れて火にかける。適宜ふたをし、リュバーブに火を入れる。
**3** リュバーブがある程度やわらかくなったら、混ぜながら煮くずれるまで加熱する。　A-B

### リュバーブとイチゴのジュレ

1 ボウルにリュバーブのコンポートとイチゴピュレを入れ、電子レンジで40℃程度になるまで加熱する。グラニュー糖を加え混ぜる。⇨Point ❶　　A

2 別のボウルに**1**の少量を入れ、もどした板ゼラチンを加えて電子レンジにかけて溶かす。これを**1**のボウルに加え混ぜる。　　B

3 底に氷水にあてて、混ぜながら20℃になるまで冷やす。　　C

4 底にラップを張った33×8cmのカードルをプラックに置き、**3**を流して表面を平らにならす。ショックフリーザーで冷やし固める。　　D

**Point**

❶ リュバーブとイチゴのジュレは「ミルフィーユ・ミストラル」(P.78)でも使用するが、ミストラルではフレッシュのイチゴを配合したのに対し、ここではイチゴピュレをチョイス。重たいパーツ（ムースリーヌ）と組み合わせることを考慮し、凝縮した風味をもつピュレを使って味と香りのアピール力を高めた。

### クリームチーズのムースリーヌ

1 ボウルにクレーム・オ・ブールを入れ、やわらかくなるまで電子レンジで加熱する。ミキサーボウルに移し、泡立つまでホイッパーで撹拌する。　　A

2 ボウルにクリームチーズを入れ、ゴムベラでほぐす。クレーム・パティシエールを加え、全体がなめらかになるまで混ぜる。　　B〜C

3 **1**に**2**を加え、ホイッパーで撹拌する。全体がなじみ、なめらかになったら混ぜ終わり。⇨Point ❶　　D

**Point**

❶ ムースリーヌは口の中での滞在時間が長く、ムースリーヌ自体にフレーバーをつけてしまうとその風味が強調され、ほかのパーツ、とくに加工せずにそのまま飾るフルーツの香りの印象が弱くなってしまう。ここでは、そのまま飾るフルーツのほか、リュバーブとイチゴのジュレやカシスのクレーム・シャンティイの香りをアピールするため、ムースリーヌに特徴的な香りはつけない。

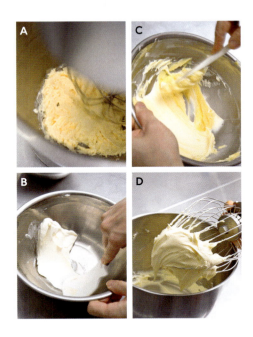

### カシスのクレーム・シャンティイ

1 材料を混ぜ合わせる。

100　心に残るオリジナル菓子・パータ・マカロンを使った菓子

組立て・仕上げ

1　パータ・マカロン2枚の裏面に、それぞれシロップを刷毛でぬる。
2　冷やし固めたリュバーブとイチゴのジュレを2cm角に切る。
3　1の1枚にクリームチーズのムースリーヌを少量ぬり広げ、中央に2をのせる。　A~B
4　クリームチーズのムースリーヌを丸口金をつけた絞り袋でジュレをおおうように絞る。　C
5　ムースリーヌの側面に、半割りにしたイチゴ、ブラックベリー、フランボワーズ、ブルーベリーを貼りつける。　D~E
6　カシスのクレーム・シャンティイを星口金をつけた絞り袋で絞り、残りのパータ・マカロンを重ね、フランボワーズを半割りにして飾る。フルーツにナパージュ・ヌートルをぬり、定規をあてて粉糖を茶漉しでふる。　F

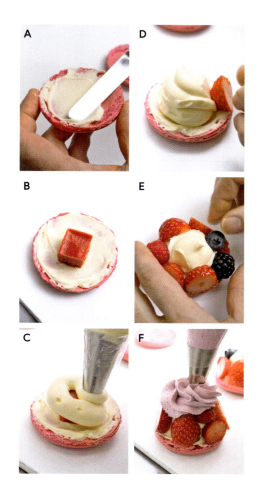

---

《メニューバリエーション ------ ムースが主体の菓子》

### ベルジュ
### Berge

イメージは「ポワール・キャラメル」。洋ナシはキルシュなどのアルコールと合わせて風味をくっきりと打ち出すのが一般的だが、ここでは洋ナシのムースの香りの引き立て役として、ライチのジュレを組み込んだ。一方で、ライチと洋ナシの距離感を縮めるために、パッションフルーツとともにソテーしたバナナをしのばせた。

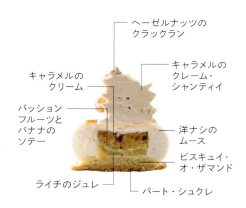

101

## ムース、クリーム、ジュレが放つ、
## "パッションフルーツ+α"のフレーバー

さわやかなムースが主体の夏向けの1品。ムースのほか、クリームとジュレの主要な3つのパーツすべてに"パッションフルーツ+α"のフレーバーをつけて夏らしい風味を強調。口溶けがよく、フルーツを口にしているかのようなみずみずしい味わいが魅力。

パッショネモン
# Passionnément

※アプリコット以外はピュレを使用。

### クリーム、生地、フルーツが
### 三位一体となるメレンゲ菓子

クリーム×メレンゲの菓子といえば「ムラング・シャンティイ」がポピュラーだが、さらにフルーツをプラスして、それらがうまく調和する菓子にしたいと考え、同じくメレンゲの菓子のジャンルから「パヴロヴァ」をチョイス。試作段階ではセンターにフレッシュのイチゴを詰めたが、栗のクレーム・パティシエールとの相性を考慮し、ソテーしたフルーツに置き換えた。

パヴロヴァ
Pavlova

## パッショネモン Passionnément

[材料]

**パッションフルーツとマンゴーと
ココナッツのクリーム**
《20個分》
パッションフルーツピュレ……22g
マンゴーピュレ……40g
ココナッツピュレ……100g
卵黄……40g
グラニュー糖……28g
板ゼラチン（氷水でもどす）……1.6g

**パッションフルーツとオレンジと
アプリコットのジュレ**
《20個分》
パッションフルーツピュレ……110g
オレンジピュレ……10g
アプリコット（冷凍）……70g
板ゼラチン（氷水でもどす）……4.2g
グラニュー糖……30g

**パッションフルーツとオレンジの
クレーム・シャンティイ**
《10個分》
クレーム・シャンティイ（P.148）……240g
パッションフルーツとオレンジの
　コンフィチュール（参考P.151）……32g

**パッションフルーツとオレンジのムース**
《20個分》
生クリーム（乳脂肪分35％）……175g
パッションフルーツピュレ……130g
オレンジピュレ……33g
板ゼラチン（氷水でもどす）……8.65g
イタリアンメレンゲ……でき上がりより125g
┌水……55g
│グラニュー糖……160g
└卵白……80g

**組立て・仕上げ**
《1個分》
ビスキュイ・オ・ザマンド
　（直径5cm／P.134）……1枚
アンビバージュ*1……適量
ナパージュ・ヌートル（黄）……適量
パート・シュクレ（直径7cmの
　菊型でぬく／P.138）……1枚
焼いたメレンゲ*2……2片
オレンジの皮のシロップ煮*3……2片

*1 シロップ（ボーメ度30）50gとパッションフルーツピュレ12g、マンゴーピュレ12gを混ぜ合わせる。
*2 P.106の「メレンゲ生地」と同様の材料、つくり方で仕込み、厚さ5mmにのばして粉糖をふって焼いたもの。
*3 シロップ（ボーメ度30）と水を2対1の割合で鍋に入れて火にかけ、沸騰したらオレンジの皮を加えてやわらかくなるまで煮る。

[構成]

- 焼いたメレンゲ
- オレンジの皮のシロップ煮
- パッションフルーツとオレンジの
　クレーム・シャンティイ
- パッションフルーツとマンゴーと
　ココナッツのクリーム
- パッションフルーツと
　オレンジのムース
- パッションフルーツと
　オレンジと
　アプリコットのジュレ
- ビスキュイ・オ・ザマンド
- パート・シュクレ

[つくり方]

**パッションフルーツとマンゴーとココナッツのクリーム**

1　ボウルに3種類のピュレを入れ、電子レンジで40℃程度になるまで加熱する。
2　別のボウルに卵黄とグラニュー糖を入れてすり混ぜる。
3　2に1を加え混ぜる。ボウルごと火にかけて82℃になるまで混ぜながら加熱する。　A
4　3を火からおろし、もどした板ゼラチンを加えて混ぜ溶かす。網で漉す。　B
5　底に氷水をあてて、混ぜながら26℃程度になるまで冷ます。　C
6　直径5cmのフレキシパンにデポジッターで10gずつ流す。冷蔵庫で冷やし固める。　D

**パッションフルーツとオレンジとアプリコットのジュレ**

1　上記の材料、分量で、P.96と同様にしてつくり（ただし、ここではトレハロースは使用しない）、パッションフルーツとマンゴーとココナッツのクリームを流したフレキシパンに10gずつ入れる。冷蔵庫で冷やし固める。

A

C

B

D

パッションフルーツとオレンジのクレーム・シャンティイ
1　材料を混ぜ合わせる。

パッションフルーツとオレンジのムース
1　ミキサーボウルに生クリームを入れ、ホイッパーで撹拌して7分立てにする。　A
2　ボウルにパッションフルーツピュレの一部とマンゴーピュレの一部、もどした板ゼラチンを入れ、電子レンジで40℃程度になるまで加熱する。
3　2に残りのピュレを加え、底に氷水をあてて混ぜながら15℃程度になるまで冷やす。⇨Point❶　B
4　イタリアンメレンゲをつくる。鍋に水とグラニュー糖を入れて火にかけ、116℃になるまで加熱する。
5　ミキサーボウルに卵白を入れて撹拌し、7分立てになったら撹拌を続けながら4を少量ずつ加える。しっかりと泡立ち、30℃程度になったらプラックに移し、少し平らにならして冷蔵庫で冷やす。⇨Point❷　C
6　ボウルに冷やしたイタリアンメレンゲを125g入れ、1の一部を加え混ぜ、なじんだら残りの1を加え混ぜる。　D
7　3を火にかけて少し温め(目安は18℃程度)、6に少しずつ加え混ぜる。　E~F

Point
❶　ゼラチンと合わせたピュレは、いったん15℃程度まで冷やして凝固させ、それを18℃程度に温度を上げて使用する。最初から18℃程度に調整しておくのに比べて粘度が増し、ムースがふんわりと仕上がる。
❷　ここでは卵白にグラニュー糖を加えず、卵白のみを撹拌してシロップと合わせる。ふんわりとしたムースに仕上げるのがその狙いで、グラニュー糖を加えると気泡は安定するぶん、ボリュームが出にくくなる。

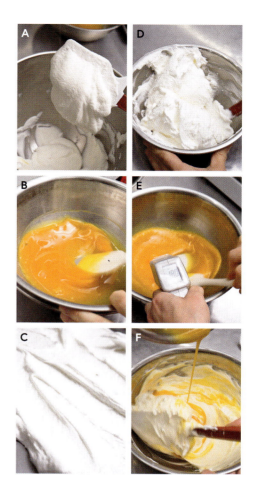

組立て・仕上げ
1　直径6.5cmのストーン型にパッションフルーツとオレンジのムースを入れ、スプーンの背で型の縁まで広げる。
2　重ねて冷やし固めたクリームとジュレをジュレの面を上にして1にのせ、指で軽く押し込む。盛り上がった周囲のムースでジュレの表面をおおい、平らにならす。　A
3　ビスキュイ・オ・ザマンドの焼き色がついていない面にアンビバージュを刷毛でぬる。　B
4　3をアンビバージュをぬった面を下にして2にのせ、手で軽く押さえて密着させる。冷凍庫で冷やし固める。　C
5　4を型からはずし、黄色のナパージュをかける。パート・シュクレにのせ、パッションフルーツとオレンジのクレーム・シャンティイを星口金をつけた絞り袋で絞る。焼いたメレンゲとオレンジの皮のシロップ煮を飾る。　D

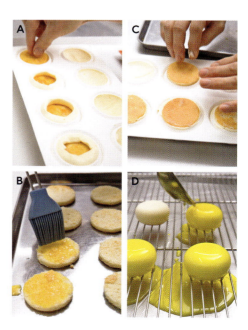

## パヴロヴァ Pavlova

### [材料]

**メレンゲ生地**
《20個分》
乾燥卵白……2g
グラニュー糖A……100g
卵白……100g
グラニュー糖B……100g

**イチゴとブルーベリーのソテー**
《20個分》
イチゴ……150g
バター……15g
ブルーベリー……75g
グラニュー糖……60g
キルシュ……6g

**栗のクレーム・パティシエール**
《20個分》
マロンペースト……120g
クレーム・パティシエール（P.148）……90g

**ヨーグルトのクレーム・シャンティイ**
《20個分》
ヨーグルトのジュレ……でき上がりより150g
┌ ヨーグルト……150g
│ 板ゼラチン（氷水でもどす）……2.5g
│ トレハロース……4g
│ グラニュー糖……16g
└ レモン果汁……6g
クレーム・シャンティイ（P.148）……300g

**組立て・仕上げ**
《1個分》
イチゴ（スライスする）……2切れ
ブルーベリー（半割りにする）……2切れ
フランボワーズ（半割りにする）……2切れ
焼いたメレンゲ＊……適量
ナパージュ・ヌートル……適量

＊「メレンゲ生地」と同様の材料、つくり方で仕込み、厚さ5mmにのばして粉糖をふって焼く。

### [構成]

フランボワーズ／ブルーベリー
焼いたメレンゲ
イチゴ
メレンゲ生地
栗のクレーム・パティシエール
イチゴとブルーベリーのソテー
ヨーグルトのクレーム・シャンティイ

### [つくり方]

**メレンゲ生地**

1　乾燥卵白とグラニュー糖Aを混ぜ合わせる。

2　ミキサーボウルに卵白を入れてホイッパーで撹拌する。泡立ったら1を加えて撹拌する。

3　しっかりとした角が立つようになったらミキサーからおろし、グラニュー糖Bを加えてゴムベラで混ぜる。写真は混ぜ終わり。　A

4　直径6cmの半球形のフレキシパンにショートニング（分量外）をぬり、3を絞り袋で型の8分目の高さまで絞る。スプーンの背で縁まで広げ、余分な生地をとり除いてドーム状にする。上火・下火ともに100℃のデッキオーブンで3時間焼く。写真Cは焼成後。⇒Point❶　B〜C

5　ラックなどにしばらくおいて冷ます。型をはずしてオーブンシートを敷いた天板に空洞を下にして並べ、120℃のコンベクションオーブンで10分焼く。⇒Point❶　D

**Point**

❶　最初の焼成はメレンゲに混ぜ込んだグラニュー糖Bを溶かすのが目的。2度目の焼成は、溶けたグラニュー糖をキャラメリゼし、ほんのりと色づけるイメージ。

A

C

B

D

イチゴとブルーベリーのソテー
1　イチゴはヘタを切りとり、縦4等分に切る。
2　鍋にバターを入れて火にかけ、バターが溶けたら**1**とブルーベリー、グラニュー糖を加える。ブルーベリーを軽くつぶしながらゴムベラで混ぜる。
3　全体に火が入ったらキルシュを加え混ぜ、バットにあける。そのまましばらくおいて冷ます。

A~B

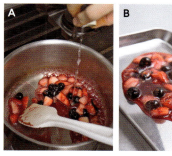

栗のクレーム・パティシエール
1　材料を混ぜ合わせる。

A

ヨーグルトのクレーム・シャンティイ
1　左頁の材料、分量で、P.95と同様にしてヨーグルトのジュレをつくる。クレーム・シャンティイと混ぜ合わせる。

B

組立て・仕上げ
1　メレンゲ生地を空洞を上にしてセルクルにのせる。空洞に栗のクレーム・パティシエールを口径1.5cmの丸口金をつけた絞り袋で絞る。
2　イチゴとブルーベリーのソテーをのせ、ヨーグルトのクレーム・シャンティイを星口金をつけた絞り袋でこんもりと絞る。
3　スライスしたイチゴ、半割りにしたブルーベリーとフランボワーズ、焼いたメレンゲを飾り、フルーツにナパージュ・ヌートルをぬる。

A

B~C

D

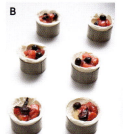

------- 伝統菓子へのアプローチ

## フレッシュのレモンがアクセント。
## 乳味感も高めて食べやすい味わいに

レモンのクリームはレモン果汁と皮をたっぷりと配合して風味を高めつつ、バターもふんだんに使用して乳味感のある食べやすい味わいを打ち出す。さらに、クリームの中にフレッシュのレモンをとじ込め、キュンとした酸味をアクセントにして味にリズムをつけた。

**タルト・シトロン**
Tarte au citron

## ノルマンディーで学んだ製法がベース。
## ザクザクのパート・フイユテを合わせて

グラニュー糖とバターでリンゴをソテーし、それを型に詰めてオーブンでじっくりと焼成。ソテーの段階ではキャラメルの色を強くせず、リンゴには軽く火を入れるにとどめるのが特徴で、これはフランス・ノルマンディーでの修業時代に学んだ製法。とろりとしたリンゴと、ザクザクとした食感のパート・フイユテがよく合う。

**タルト・タタン**
Tarte tatin

## タルト・シトロン  Tarte au citron

[材料]

**レモンのクリーム**
《つくりやすい分量》
全卵……250g
グラニュー糖……255g
コーンスターチ……10g
レモン果汁……220g
レモンの皮……25g
バター（やわらかくする）……375g

**組立て・仕上げ**
《1個分》
レモン（5mm角程度に切る）……4〜5切れ
パート・シュクレ*1（P.138）……1個
イタリアンメレンゲ*2……適量
アーモンドスライス
　（ローストしていないもの）……適量
ココナッツファイン……適量
粉糖…適量

＊1 P.138と同様に生地を仕込み、直径7cmのセルクルに敷き込んで空焼きしたもの。
＊2 材料、分量、つくり方は、「サバラン・エキゾチック」（P.36）の「ココナッツのムース」で使用するイタリアンメレンゲを参照。

[構成]

ココナッツファイン
アーモンドスライス
イタリアンメレンゲ
レモン
レモンのクリーム
パート・シュクレ

[つくり方]

**レモンのクリーム**

1　ボウルに全卵とグラニュー糖を入れてすり混ぜる。続けてコーンスターチを加え混ぜる。

2　別のボウルにレモン果汁を入れる。電子レンジで40℃程度になるまで加熱し、1に加える。

3　2にレモンの皮をすりおろして加え、混ぜ合わせる。これを火にかけ、泡立て器で絶えず混ぜながら炊く。光沢が出て、すくうとボタッと落ちるくらいの固さになったら火からおろす。　A~B

4　3を網で漉してボウルに移し、やわらかくしたバターを加える。全体がなじみ、なめらかになるまでスティックミキサーで撹拌する。混ぜ終わりの温度の目安は30℃。　C~E

5　バットに広げてラップを密着させ、冷蔵庫に1晩おく。　F

110　伝統菓子へのアプローチ

**組立て・仕上げ**

**1** パート・シュクレに、レモンのクリームを丸口金をつけた絞り袋で3分の1程度の高さまで絞る。5mm角程度に切ったレモンをのせ、ふたたびレモンのクリームを絞る。パート・シュクレの縁の高さに合わせてパレットナイフで平らにならし、ショックフリーザーで冷やし固める。レモンのクリームはトータルで1個40g使用。 A~B

**2** イタリアンメレンゲを丸口金をつけた絞り袋に入れ、パート・シュクレの縁に沿ってしずく形に絞り、さらに隙間を埋めるように同様に絞る。 C

**3** アーモンドスライスをちらし、ココナッツファインをふる。さらに粉糖を茶漉しでふって天板にのせ、200℃のコンベクションオーブンで2分焼く。 D

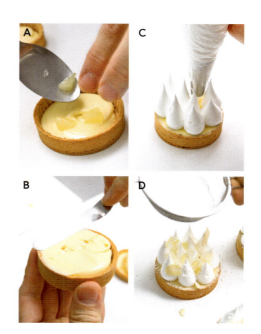

## リョウラのルーツ①

### はじめてのフランス行き

　私は菓子屋の生まれです。母の実家が菓子屋を営んでいて、父はその洋菓子部門をとり仕切っていました。それもあって、高校卒業後は自然と製菓の専門学校に進んでいました。

　卒業後は地元新潟の洋菓子店に入店し、5年お世話になりました。ほんとうは4年がんばったらフランスに行こうと決めていたのですが、4年経ったタイミングで店がリニューアルして拡張することになり、先輩に「同じ菓子でも店の規模が大きくなれば、製造スケジュールやオペレーションが変わってくるし、それを経験して損はないぞ」と言われたんです。そのとおりだと思ってもう1年勤めることにしました。その後、フランス行きを決めて店の親方に伝えると、業者を通じて修業先を探してくれて、出国までのスケジュールも決めてくれたんです。すべてお膳立てしてくれた親方にはすごく感謝しています。

　フランスで最初に勤めたのはノルマンディーの「レイナルド」。チョコレートがメインで、生菓子やパン、サレ系の商品もあるクラシックな店でした。フランスの季節の移ろいを感じたい、フランス菓子のベースとなる知識と経験を得たいと思って1年勤めました。「きちんとつくる」「ものを無駄にしない」という精神も養われましたね。当初はフランス語なんてまったくできませんでしたが、この1年で仕事に支障がない程度には上達したと思います。

　次に修業したのはローヌ・アルプにある「ギエ」。とにかく忙しい繁盛店で、日々の仕事を通じて、いかにして効率的に作業を進めるかを学びました。ギエでの修業後、学生ビザを取得するために、その年の9月にいったん帰国。年末には再度フランスにわたりました。

## タルト・タタン  Tarte tatin

[材料]

**リンゴのキャラメリゼ**
《直径12×高さ6cmの丸型1台分》
リンゴ（紅玉）……3個
グラニュー糖……140g
バター……25g

**組立て・仕上げ**
《1台分》
パート・フイユテ（直径12cm／P.135）……1枚
グラニュー糖……適量

[構成]

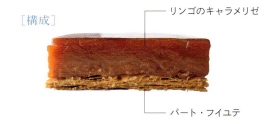

[つくり方]

**リンゴのキャラメリゼ**

**1** リンゴは皮をむいて縦に4等分に切る。それぞれ芯をとり除き、縦に3等分に切る。　A

**2** 鍋にグラニュー糖を少量入れて火にかけ、溶けたらグラニュー糖を足し入れる。これをくり返し、あまり濃く色づかない程度にキャラメル状にする。

**3** 火を止めてバターを加え、バターが溶けたら切ったリンゴを加えてふたたび火にかけてざっと混ぜる。　B~C

**4** リンゴに軽く火が入り、溶けたグラニュー糖（キャラメル）で表面がコーティングされたら火からおろし、リンゴだけバットにとり出す。キャラメルが残った鍋をふたたび火にかけ、充分にとろみがつくまで煮詰める（キャラメルソース）。　D~E

**5** 直径12×高さ6cmの丸型に **4** のリンゴを敷き詰め、キャラメルソースをそそぎ入れる。アルミホイルをかぶせ、2枚重ねにした天板にのせ、上火・下火ともに160℃のデッキオーブンで3時間焼く。焼成中、ときどきアルミホイルをはずして、上からパレットナイフなどでリンゴを押し込む。⇨Point ❶　F~H

**Point** --------------------------------------------------

❶ 焼成中にときどきリンゴを押し込むのは、加熱によってリンゴとキャラメルソースが膨れ上がるため。また、この作業により、キャラメルソースがリンゴにしっかりとからむ。

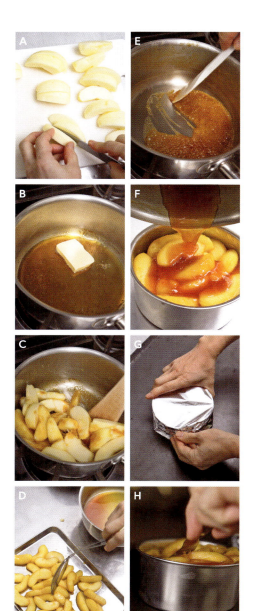

112　伝統菓子へのアプローチ

### 組立て・仕上げ

**1** パート・フイユテに直径12cmのセルクルをのせ、セルクルの内側の縁に沿ってナイフを入れ、セルクルを押してくりぬく。 A~B

**2** リンゴのキャラメリゼを型からはずし、**1**にのせる。 C

**3** 表面にグラニュー糖をふり、焼きごてをあてて焦がす。これを3回行う。 D

---

### リョウラのルーツ②

#### 2度目のフランス行き&帰国後の修業

　2度目のフランスは、年末から4月までパリのパン店、5月からはパリの一ツ星のレストランに勤めました。レストランにいたのは2ヵ月ですが、厨房のライブ感をそのままテーブルに届けることができるデセールならではの技術や発想など学ぶことは多く、自分のなかに新たな引き出しが増えました。その後、アルザスの「ティエリー・ミュロップ」に勤務。自分が憧れていた日本人パティシエの先輩の多くがアルザスで修業していることもあって、アルザスはもっとも行ってみたい場所でした。じつはミュロップには一時帰国の間にも電話をしたり、手紙を出したりして採用が決まっていたのですが、ビザの取得が遅れてその話が流れてしまった。でも、やっぱり働きたいと思ってパリから電話をしたら「明後日こい」と言われ、急いで荷物をまとめてアルザスに向かいました。アルザスでの日々はすごく充実したもので、仕事はもちろん、何事も経験だと思ってひたすら飲み食いしましたね。半年ほど勤めてパリに戻り、「ラ・ヴィエイユ・フランス」にさらに半年勤めたところでお金が底をつきました。

　帰国後、フランス帰りとはいえ、グランメゾンやパリの最先端のパティスリーでの修業経験がないこともあって、自分の菓子はどこかプレゼンテーション力に欠けるなと思っていました。そんなときに日本の「ピエール・エルメ・パリ」で働かないか、との話をいただいたんです。もんもんとしていた部分にズバッとはまる、うれしい話でした。エルメでは2年働きましたが、毎日刺激的で楽しかったですね。フランス菓子が時代とともにどう変化し、どんな流行が生まれたのか、またフランス菓子をどのようにして洗練させるのかなど、多くのことを学びました。

2種のグリオットチェリーを使用し、
フレッシュ感とキルシュの風味を
ほどよいバランスで着地させる

フランスの定番のフォレノワールは、グリオットチェリーのキルシュ漬けを使う。しかし、修業先のアルザスで使われていたのは、キルシュではなくシロップに1晩漬けたフレッシュな風味のグリオットチェリー。ここではそれらを合わせて使い、フレッシュな風味を表現しつつ、ほどよくキルシュも香る、食べやすい仕立てとした。いわば"チェリーのショートケーキ"。

フォレノワール
Forêt noire

## フレッシュのイチゴとなめらかな
## ムースリーヌがスムーズになじむ

王道のフレジエだが、一般的なムースリーヌよりもクレーム・パティシエールを多めに配合しているのがポイント。油脂分を高めることで、冷蔵庫で締めてもなめらかさをキープでき、フレッシュのイチゴとすっとなじむ。

**フレジエ**
Fraisier

## フォレノワール Forêt noire

### [材料]

**グリオットチェリーのシロップ漬け**
《つくりやすい分量》
シロップ（ボーメ度30）……1000g
グリオットチェリー（冷凍）……1000g

**アンビバージュ**
《60×40cmのカードル1台分》
グリオットチェリーの
シロップ漬けのシロップ
　　……上記より600g
キルシュ……300g

**チョコレートのムース**
《60×40cmのカードル1台分》
ダークチョコレート（カカオ分64％）
　　……400g
生クリーム（乳脂肪分35％）……1000g
牛乳……75g

**キルシュのクレーム・シャンティイ**
《60×40cmのカードル1台分》
生クリーム（乳脂肪分35％）……1050g
粉糖……65g
板ゼラチン（氷水でもどす）……7g
牛乳（室温にもどす）……65g
キルシュ……120g

**組立て・仕上げ**
《60×40cmのカードル1台分・78個分》
チョコレートのジェノワーズ・オ・ザマンド
　　（60×40cm／P.131）……2枚
ダークチョコレート（湯煎にして溶かす）……適量
グリオットチェリーのキルシュ漬け（半割りにする）……300g
ビスキュイ・ジョコンド（60×40cm／P.132）……1枚
グリオットチェリーのコンフィチュール（P.151）……400g
チョコレート細工……適量

[構成]
- チョコレート細工
- グリオットチェリーのシロップ漬けとキルシュ漬け
- グリオットチェリーのコンフィチュール
- チョコレートのムース
- ビスキュイ・ジョコンド
- キルシュのクレーム・シャンティイ
- チョコレートのジェノワーズ・オ・ザマンド

### [つくり方]

**グリオットチェリーのシロップ漬け**
1　鍋にシロップを入れて火にかけ、沸騰させる。
2　ボウルにグリオットチェリーを凍ったまま入れ、**1**をそそぐ。ラップを密着させて冷蔵庫に1晩おく。　A~B

**アンビバージュ**
1　グリオットチェリーのシロップ漬けを網で漉し、実とシロップに分ける。シロップにキルシュを加え混ぜる。

**チョコレートのムース**
1　ボウルにダークチョコレートを入れ、湯煎にして溶かす。溶かし終えたときの温度の目安は45℃。
2　生クリームをミキサーボウルに入れ、しっかりと泡立つまでホイッパーで撹拌する。
3　**1**に牛乳を少量ずつ加え、泡立て器で混ぜる。　A
4　**3**に**2**を少量加えて混ぜる。これを火にかけて36℃　B
程度になるまで温める。残りの**2**の1/4量を加え混ぜ、
全体がなじんだら残りの**2**を加え混ぜる。⇒Point ❶

**Point**
❶　ゼラチンを配合しないぶん口あたりのよいムースに仕上がる反面、組み立てて冷凍したのち、切り分けるときに断面がくずれやすくなるので注意。

キルシュのクレーム・シャンティイ

1　ミキサーボウルに生クリームと粉糖を入れ、しっかりと泡立つまでホイッパーで撹拌する。いったん冷蔵庫で冷やし、ふたたび撹拌してしっかりと泡立てる。ボウルに移す。⇒Point ❶
2　別のボウルにもどした板ゼラチンと室温にもどした牛乳を入れ、電子レンジで40℃程度に温める。
3　2に1を少量加えて泡立て器で混ぜ、これを1のボウルに移して混ぜ合わせる。キルシュを加え混ぜる。

Point --------------------------------------------------
❶　泡立てたクリームはいったん冷やすことで、材料どうしの結びつきが安定し、泡立ちがよく、ダレにくくなる。

組立て・仕上げ

1　チョコレートのジェノワーズ・オ・ザマンド1枚の上面に溶かしたダークチョコレートをぬり広げる。冷蔵庫で冷やし固める。⇒Point ❶　A
2　フィルムを貼ったプラックに60×40cmのカードルをのせ、1をチョコレートをぬった面を下にして置き、オーブンシートをはがす。アンビバージュを刷毛で300gぬる。　B
3　2にチョコレートのムースを1150g流して平らにならし、冷蔵庫で冷やし固める。　C
4　もう1枚のチョコレートのジェノワーズ・オ・ザマンドの焼き面にアンビバージュを刷毛で100gぬる。
5　3に4をアンビバージュをぬった面を下にして重ね、オーブンシートをはがす。その上に板をのせ、手のひらで押さえて密着させる。板をはずして上面にアンビバージュを刷毛で300gぬり、冷蔵庫で冷やす。　D
6　キルシュのクレーム・シャンティイをのせてならす。　E
7　汁けをふきとったグリオットチェリーのシロップ漬け600gを、キルシュ漬けのチェリー300gとともに6にちらす。パレットナイフで押さえてクリームに埋め込む。　F
8　7にビスキュイ・ジョコンドを焼き面を下にしてのせ、シルパットをはがす。フィルムと板を順にのせ、上から手のひらで軽く押さえて密着させる。　G
9　板とフィルムをはずし、上面にアンビバージュを刷毛で200gぬる。チョコレートのムースを280g流して平らにならし、冷蔵庫で冷やし固める。　H-I
10　グリオットチェリーのコンフィチュールを上面にぬり、カードルをはずす。9×2.8cmに切り分け、チョコレート細工を飾る。　J

Point --------------------------------------------------
❶　シロップをたっぷりと含んだ生地はくずれやすい。組立てたときに底にくる面にチョコレートをぬって冷やし固めておくと、土台がくずれにくくなる。

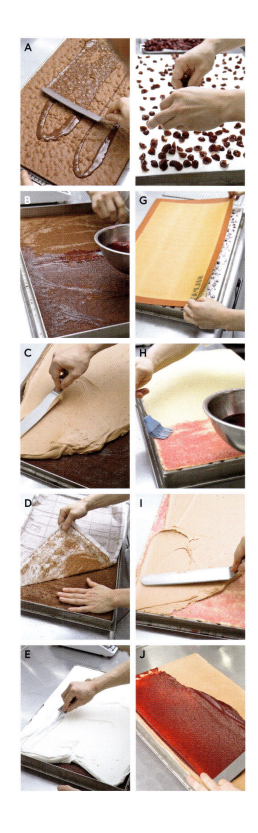

117

## フレジエ　Fraisier

### [材料]

**ピスタチオのムースリーヌ**
《11個分》
クレーム・オ・ブール（P.150）……480g
ピスタチオペースト……20g
クレーム・パティシエール（P.148）……180g

**イチゴとフランボワーズのナパージュ**
《つくりやすい分量》
ナパージュ・ヌートル……200g
イチゴピュレ……50g
フランボワーズピュレ……50g

**組立て・仕上げ**
《11個分》
ジェノワーズ・オ・ザマンド（37×10.5cm／P.130）……2枚
ピストレショコラ *1……適量
アンビバージュ *2……90g
イチゴ……48個
イタリアンメレンゲ *3……適量
イチゴ（飾り用／半割りにする）……5と1/2個
ナパージュ・ヌートル……適量
ピスタチオ……適量

＊1 ホワイトチョコレートとカカオパウダーを3対2の割合で混ぜ合わせる。
＊2 シロップ（ボーメ度30）70gとキルシュ20gを混ぜ合わせる。
＊3 材料、分量、つくり方は「サバラン・エキゾチック」（P.36）の「ココナッツのムース」で使用するイタリアンメレンゲを参照。

### [構成]

イチゴ
イチゴとフランボワーズのナパージュ
イタリアンメレンゲ
ピスタチオ
ジェノワーズ・オ・ザマンド／アンビバージュ
ピスタチオのムースリーヌ

### [つくり方]

**ピスタチオのムースリーヌ**

1　クレーム・オ・ブールをミキサーに入れ、ホイッパー撹拌して泡立て直す。　A

2　ボウルにピスタチオペーストとクレーム・パティシエールを入れて火にかけ、20℃程度になるまで温める。　B

3　1に2を加え、全体がなじむまでホイッパーで撹拌する。　C~D

**イチゴとフランボワーズのナパージュ**

1　ボウルに材料を入れて混ぜ合わせ、火にかけて温める。冷蔵庫に1日おく。使う前に温め直す。⇨Point ❶　A~B

**Point**

❶　材料を混ぜて温めた直後に使ってもよいが、冷蔵庫に1日おいてから温め直すと、粘度が増して使いやすくなる。

## 組立て・仕上げ

**1** オーブンシートを敷いた板の上にジェノワーズ・オ・ザマンド2枚を置き、そのうちの1枚の焼き面にピストレショコラを刷毛で薄くぬる。冷蔵庫で冷やし固める。
⇨ Point ❶

**2** **1**のジェノワーズ・オ・ザマンド2枚を57×37cmのカードルの内側に置く。このとき、ピストレショコラをぬったジェノワーズ・オ・ザマンド（生地a）はピストレショコラの面を下にして、もう1枚のジェノワーズ・オ・ザマンド（生地b）は焼き面を下にして、それぞれカードルの内側に沿うように並べる。

**3** 生地aにアンビバージュを刷毛でぬる。

**4** ピスタチオのムースリーヌを口径1.65cmの丸口金をつけた絞り袋で、**3**に隙間をあけずに一直線に4本絞る。

**5** ムースリーヌの線の上に、1列あたり12個のイチゴを等間隔で少し埋め込むようにして並べる。⇨ Point ❷

**6** イチゴの隙間を埋めるように、ムースリーヌをのの字に絞る。

**7** カードルの高さに合わせて、パレットナイフで表面を平らにならす。

**8** 生地bを焼き面を下にして**7**に重ね、側面を平らにならす。上面に刷毛でアンビバージュをぬる。

**9** ラップでおおって板をのせ、上から手で押さえて密着させる。冷蔵庫で冷やす。

**10** 板とラップをはずし、イタリアンメレンゲをぬって平らにならす。表面をバーナーであぶる。

**11** イチゴとフランボワーズのナパージュをかけて平らにならし、冷蔵庫で冷やし固める。

**12** カードルをはずし、四辺を薄く切り落として9×3cmに切り分ける。

**13** 半割りにしたイチゴにナパージュ・ヌートルをぬり、ピスタチオとともに飾る。

### Point

❶ アンビバージュを含んだ生地はくずれやすく、またオーブンシートをはがしにくい。組立てたときに底にくる面にピストレショコラをぬって冷やし固めておくと、生地がくずれにくくなる。

❷ きれいに仕上がるように、イチゴはきちんと選別して大きさをそろえておく。

リョウラのショーケース

# なじみやすく、軽やかな菓子を軸に商品展開

**生菓子のラインアップ**

　生菓子は、プチガトーを約30品、アントルメを10品前後用意しています。修業時代を含め、独立以前はフランス菓子に傾倒していました。しかし今は、フランス菓子の技法を生かすと同時に、親しみをもってもらえる菓子であることを意識しています。ベーシックで骨太なフランス菓子を置くこともありますが、それだけが目立たないようにバランスに気をつけていますね。考え方が柔軟になったのかもしれません。この店は「パティスリー」ではなく、「洋菓子店」だと思っているんですよ。

　たとえば、重たい菓子と軽やかな菓子の比率は、前店では8対2でしたが、今は5対5になっています。レシピは大きく変わっていませんが、ショーケースに並ぶアイテムの変化や、さまざまな色合いを出したことで、全体的に軽やかな印象を与えることができていると思います。

　"親しみをもってもらえる菓子"と考えたときにベースとしやすいアイテムは、サントノーレやエクレール、サバランといったいわゆる定番菓子ですが、大切なのは、それらを自分らしく、上手にアレンジすること。たとえ自分の好みがベーシックなフランス菓子であったとしても、お客さまに喜んでもらうための商品である以上、お客さまの目線に立ってアレンジを加えていくのも大切な考え方の一つだと思います。また、定番菓子はシンプルなものが多く、ベーシックなスタイルだと他店との違いもアピールしにくいですしね。華やかなビジュアルに仕立てたり、素材の組合せの妙で楽しませたり。定番菓子だからこそ、この店ならではと感じてもらえるような魅力を存分に打ち出していきたいと思います。

**商品の価格設定**

　菓子を開発するときは表現したい味を決めるのが先で、「価格はこの枠内で」というところからスタートすることはありません。何かに縛られることなく、できるだけ自由な発想をもとに、商品を生み出したいと考えています。そのうえで1品ずつ原価を計算し、生菓子は25%、焼き菓子は20%の原価率を基準に価格を決めています。

121

リョウラのボンボン・ショコラ

## 1粒で生菓子のような世界観を表現したい

　ボンボン・ショコラは、店のオープン以来、いつかはやりたいと思っていたアイテムです。でも、最初のうちはやれることが限られるんです。自分の店をもつのは初めてですし、生菓子と焼き菓子を提供するだけでも日々大忙し。自分の提供したい菓子は何か、この街のお客さまに必要とされる菓子は何か、スタッフをどう育てるのかなど、考えることは山積み。開業から2年が経ってようやく店がうまくまわり出し、お客さまにも自分の菓子を知ってもらえるようになったので、次の展開として「今度の冬はボンボン・ショコラをつくろう」と思い立って、2017年10月にテンパリングマシンを購入しました。

　ここ数年、ボンボン・ショコラのスタイルはどんどん多様化しています。つくり手の数だけスタイルがあるし、自分らしさを表現するアプローチの方法もたくさんあります。自分がめざすのは、生菓子をギュッと小さく1粒に凝縮させたようなボンボン・ショコラです。構成するパーツは生菓子よりもずっと少ないですが、それでもできるだけ複数のパーツを盛り込んで、それらが口の中で混ざり合って一つの味になる、というイメージでボンボン・ショコラをつくっています。ガナッシュにつけるフレーバーとして、またジュレなどのパーツとして、フルーツの風味を盛り込むことが多いのも、自分の生菓子の考え方に類似しています。

　昨今、チョコレートの産地にこだわったり、いわゆるBean to Barにチャレンジしたりと、さまざまなアプローチが見られるようになりました。しかし自分としては、フルーツをどう生かすか、どんなテクスチャーのパーツを組み合わせると一体感が生まれるかなど、生菓子のつくり方に近いアプローチで、ボンボン・ショコラでもオリジナリティを表現したいと考えています。

※青字は商品名、黒字は中の構成

❶ ミエル・ジャンジャンブル

・ハチミツとショウガの
　ガナッシュ

❷ パッション・オランジュ

・パッションフルーツと
　オレンジのジュレ
・パッションフルーツと
　オレンジのガナッシュ

❸ ココ・タイベリー

・タイベリーのジュレ
・ココナッツのガナッシュ

❹ シトロンヴェール・
　フランボワーズ

・フランボワーズのジュレ
・ライムのガナッシュ

❺ カシス・グリオット

・グリオットチェリーのジュレ
・カシスのガナッシュ

❻ ライチ・ローズ・
　フリュイルージュ

・赤い果実のジュレ
・ライチとバラのガナッシュ

❼ キャラメル・ブール・サレ

・塩キャラメル

❽ アプリコ・
　パンプルムース

・グレープフルーツのジュレ
・アプリコットのガナッシュ

## 基本のパーツ

生地
クリーム
コンフィチュール&マーマレード

------- 基本のパーツ・生地

## パータ・ジェノワーズ
### Pâte à génoise

口あたりは軽やかでいて、粘りのある生地。
ハチミツと卵の風味を生かした、やさしい味わい

[材料]

**ハチミツのシロップ**
《つくりやすい分量》
水……193g
上白糖……100g
水アメ……50g
ハチミツ……75g

**パータ・ジェノワーズ**
《直径15×高さ6cmのジェノワーズ型9台分》
全卵……750g
卵黄……105g
上白糖……760g
ハチミツのシロップ……上記より158g
バニラエッセンス……3g
バター……126g
薄力粉……580g

[つくり方]

**ハチミツのシロップ**

1 鍋にすべての材料を入れて火にかける。沸騰したら火を止め、表面に浮いたアクをとり除く。粗熱をとり、冷蔵庫で保管する。　　A-B

**パータ・ジェノワーズ**

1 ボウルに全卵と卵黄を入れて溶きほぐす。上白糖を3回程度に分けて加え、そのつどすり混ぜる。　A

2 1を火にかけて混ぜながら45℃になるまで加熱する。　B

3 2を網で漉してミキサーボウルに移す。縦型ミキサーにセットし、ミキサーをおおうようにビニールをかけてホイッパーで高速で撹拌する。⇒Point ❶　C〜D

4 3がめいっぱい泡立って32℃程度になったらビニールをはずし、中速に切り替えて5〜6分混ぜる。あまり冷めないうちに工程6に進むように調整する。冷めると工程6で混ざりにくくなる。　E

5 鍋にハチミツのシロップ、バニラエッセンス、バターを入れ、火にかけて60℃になるまで加熱する。

6 4に薄力粉を加えて手で混ぜる。その一部を5の鍋に加えて泡立て器で混ぜ、それを4に戻して手ばやく混ぜる。全体がなじみ、リボン状に落ちるようになったら混ぜ終わり。⇒Point ❷❸　F〜H

7 内側（底と側面）にオーブンシートを貼りつけた直径15×高さ6cmのジェノワーズ型に流し、上火190℃・下火180℃のデッキオーブンで32分焼く。焼き上がったらすぐに型をはずし、オーブンシートをつけたままショックフリーザーに移して冷やす。⇒Point ❹　I〜J

**Point**

❶ ビニールをかけるのは、ミキサーボウル内を熱がこもった状態にするため。合わせた材料を温かい状態に保ちながらめいっぱい撹拌すると、泡立ちやすく、粘りのある生地に仕上がる。

❷ 薄力粉を加えたら、生地にあまり負担をかけないように手ばやく混ぜる。

❸ 薄力粉を加えた生地は、時間が経つと気泡がつぶれ、黄色くゆるい状態（右写真）になってしまうので注意。そうした生地を「死に生地」というが、このつくり方だと生じる死に生地は少ない。

❹ 焼き上がった生地はすぐにショックフリーザーで冷やし固めると、しっとり感が保てる。焼き上がった生地から立ち上る蒸気を、生地の中にとどめるイメージ。

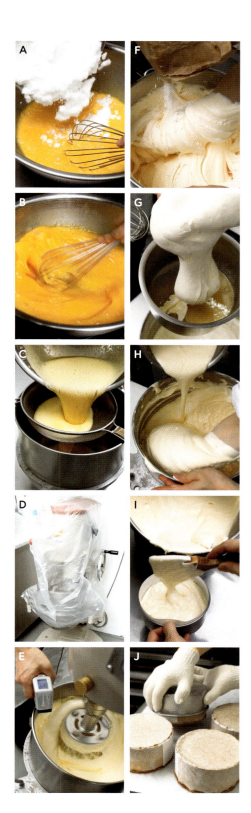

## チョコレートのジェノワーズ
### Génoise au chocolat

後味にカカオ感が強く残らない、
"ほどよいチョコ味"を意識

[材料]
《直径15×高さ6cmのジェノワーズ型15台分》
全卵……1.5kg
卵黄……120g
上白糖……1,275g
ハチミツのシロップ（P.126）……100g
バター……338g
薄力粉*……710g
カカオパウダー*……186g
＊合わせてふるう。

[つくり方]
1　ボウルに全卵と卵黄を入れて溶きほぐす。上白糖を　A
3回程度に分けて加え、そのつどすり混ぜる。
2　1を火にかけて混ぜながら45℃になるまで加熱する。　B

**3** 2を網で漉してミキサーボウルに移す。縦型ミキサーにセットし、ミキサーをおおうようにビニールをかけてホイッパーで高速で撹拌する。⇨Point ❶　　C~D

**4** 3がめいっぱい泡立って32℃程度になったらビニールをはずし、中速に切り替えて5〜6分撹拌する。あまり冷めないうちに工程6に進めるように調整する。冷めると工程6で混ざりにくくなる。　　E

**5** 鍋にハチミツのシロップとバターを入れ、火にかけて60℃になるまで加熱する。　　F

**6** 4に合わせてふるった薄力粉とカカオパウダーを加えて手で混ぜる。その一部を5の鍋に加えて泡立て器で混ぜ、それを4に戻して手ばやく混ぜる。全体がなじみ、リボン状に落ちるようになったら混ぜ終わり。⇨Point ❷❸　　G~I

**7** 内側（底と側面）にオーブンシートを貼り付けた直径15×高さ6cmのジェノワーズ型に流し、上火190℃・下火180℃のデッキオーブンで32〜34分焼く。焼き上がったらすぐに型をはずし、オーブンシートをつけたままショックフリーザーで冷やす。⇨Point ❹　　J~L

**Point**

❶ ビニールをかけるのは、ミキサーボウル内を熱がこもった状態にするため。合わせた材料を温かい状態に保ちながらめいっぱい撹拌すると、泡立ちやすく、粘りのある生地に仕上がる。

❷ 薄力粉を加えたら、生地にあまり負担をかけないように手ばやく混ぜる。

❸ カカオパウダーは、後味にカカオの風味が強く残らない程度に配合。また、カカオパウダーが多すぎると食味が粉っぽい印象の生地になってしまう。

❹ 焼き上がった生地はすぐにショックフリーザーで冷やし固めると、しっとり感が保てる。焼き上がった生地から立ち上る蒸気を、生地の中にとどめるイメージ。

129

## ジェノワーズ・オ・ザマンド
### Génoise aux amandes
バターとアーモンドが香るリッチな風味。
軽やかな口あたりと、口溶けのよさも魅力

[材料]
《57×37cmのカードル2枚分》
全卵……540g
グラニュー糖……350g
アーモンドパウダー*……175g
薄力粉*……205g
溶かしバター(50℃)……113g
*合わせてふるう。

[つくり方]
1　ボウルに全卵とグラニュー糖を入れてすり混ぜる。　　A
2　1を火にかけて混ぜながら45℃になるまで加熱する。　B
3　2を網で漉してミキサーボウルに移す。縦型ミキ　　C-D
サーにセットし、ミキサーをおおうようにビニールをか
けてホイッパーで高速で撹拌する。⇒Point ❶（P.127
のPoint ❶を参照）
4　3がめいっぱい泡立って25〜30℃程度になったら　E
ビニールをはずす。しっかりと混ざり、粘りのある状態
になっていれば撹拌終了。冷めると次の工程で混ざりに
くくなるので、ここまでの作業は手ばやく行うこと。
5　4に合わせてふるったアーモンドパウダーと薄力粉　F〜G
を加えながらゴムベラで混ぜ合わせ、さらに溶かしバ
ターを加えながら手でしっかりと混ぜる。全体がなじん
だら混ぜ終わり。⇒Point ❷（P.127のPoint ❷を参照）
6　オーブンシートを敷いた天板2枚に57×37cmのカー　H
ドルをのせ、5を650gずつ流して平らにならす。
7　185℃のコンベクションオーブンに入れ、途中で一
度天板の前後を入れ替えて計10分焼く。焼き上がった
らカードルと天板をはずし、オーブンシートをつけたま
まラックに置いて冷ます。

130　基本のパーツ・生地

## チョコレートのジェノワーズ・オ・ザマンド
### Génoise aux amandes chocolat

マジパンを配合し、シロップを打っても
しっかりと生地感の残る仕立てに

[材料]

《57×37cmのカードル2枚分》
マジパン・ローマッセ……150g
グラニュー糖……365g
全卵……750g
カカオパウダー*……100g
薄力粉*……250g
溶かしバター(50℃)……100g
＊合わせてふるう。

[つくり方]

**1** ミキサーボウルにマジパン・ローマッセとグラニュー糖を入れ、ビーターで撹拌する。　**A**

**2** ボウルに全卵を入れて火にかけ、混ぜながら40℃程度になるまで加熱する。火からおろし、網で漉す。

**3** **1**に**2**の1/5量を少しずつ加えながらビーターで撹拌する。ホイッパーにつけ替えて残りの**2**を少量ずつ加えながら撹拌する。**2**をすべて加えたら、ミキサーをラップでおおって撹拌を続ける。リボン状に落ちるようになったら撹拌終了。⇨Point ❶　**B-F**

**4** **3**にカカオパウダーと薄力粉を加えながらゴムベラで混ぜ、さらに溶かしバターを加えながら手で混ぜる。　**G**

**5** オーブンシートを敷いた天板2枚に57×37cmのカードルをのせ、**4**を830gずつ流して平らにならす。　**H**

**6** 180℃のコンベクションオーブンに入れ、途中で一度天板の前後を入れ替えて計15分焼く。カードルと天板をはずし、オーブンシートをつけたまま冷ます。

**Point**

❶ マジパンは混ざりにくいため、ダマにならないようにまずはビーターで撹拌し、その後、ホイッパーで撹拌する。また、ミキサーをラップでおおって保温しながら撹拌すると、泡立ちやすく、粘りのある生地に仕上がる。

## ビスキュイ・ジョコンド
### Biscuit joconde

コシが強く軽やかな食感。
濃厚なクリームに負けない、
アーモンドの豊かな香り

[材料]
《60×40cmの天板1枚分》
全卵……155g
転化糖……10g
アーモンドパウダー*……110g
粉糖*……90g
卵白……96g
グラニュー糖……20g
薄力粉……30g
溶かしバター（50℃）……20g
*合わせてふるう。

[つくり方]
1　ボウルに全卵と転化糖を入れて火にかけ、混ぜながら40℃程度になるまで加熱する。火からおろし、網で漉す。　A~C
2　ミキサーボウルに合わせてふるったアーモンドパウダーと粉糖を入れ、1を加えてホイッパーで撹拌する。ふんわりとした状態になったら撹拌終了。　D~E

**3** 別のミキサーボウルに卵白を入れ、5分立てになるまでホイッパーで撹拌する。グラニュー糖を加え、角が立つようになるまでさらに撹拌する。　F〜G

**4** **2**をボウルに移して**3**を加え、さらに薄力粉を加えながらゴムベラで混ぜ合わせる。　H

**5** **4**に50℃に調整した溶かしバターを加え混ぜる。　I

**6** シルパットを敷いた60×40cmの天板に流し、パレットナイフで平らにならす。⇒Point ❶　J

**7** 200℃のコンベクションオーブンに入れ、途中で一度天板の前後を入れ替えて計6分焼く。焼き上がったら天板をはずし、シルパットをつけたままラックに置いて冷ます。

#### Point

❶ 焼き上がった生地を天板からはずしやすくするために、生地の四辺は天板の縁からわずかに離しておく。生地を流していったん平らにならし、その後、天板の縁を親指と人差し指で深くつまんで、生地をぬぐうように2本の指をスライドさせると、生地と天板の間にきれいに溝ができる。このとき、親指の爪のつけ根あたりにパレットナイフの先をあてて、2本の指とともにナイフをスライドさせると、生地を平らにならしながら溝をつくることができる。

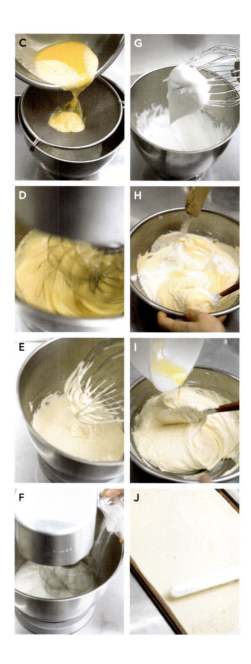

## ビスキュイ・オ・ザマンド
### Biscuit aux amandes
糖分がやや高めの配合で、しっとり、口溶けのよい生地に

[材料]
《60×40cmの天板1枚分》
全卵……120g
卵黄……50g
アーモンドパウダー*……120g
粉糖*……120g
卵白……240g
グラニュー糖……144g
薄力粉……110g
＊合わせてふるう。

[つくり方]
1　ボウルに全卵と卵黄を入れて溶きほぐす。火にかけて混ぜながら40℃程度になるまで加熱する。網で漉してミキサーボウルに移す。　A

2　1に合わせてふるったアーモンドパウダーと粉糖を加え混ぜ、さらにホイッパーをつけたミキサーで白っぽくなるまで撹拌する。　B~C

3　別のミキサーに卵白を入れて撹拌し、ある程度泡立ったらグラニュー糖を3回に分けて加え、そのつど撹拌する。しっかりとした角が立つようになったら撹拌終了。　D

4　2に3の一部を加えてゴムベラで混ぜてなじませ、3のボウルに戻す。薄力粉を加え、しっかりと混ぜ合わせる。　E~G

5　オーブンシートを敷いた60×40cmの天板に流し、195℃のコンベクションオーブンに入れ、途中で一度天板の前後を入れ替えて計10分焼く。焼き上がったらオーブンシートをつけたままラックに置いて冷ます。　H
⇨Point ❶

**Point** --------
❶　糖分がやや高めの配合。この配合だとしっかり焼いても空気が抜けにくく、しっとりとした食感に仕上がる。

134　基本のパーツ・生地

## パート・フイユテ
### Pâte feuilletée

バターで生地を包む"逆折り込み"で
独特の食感とバターの風味をアピール

［材料］

**ブール・ファリーヌ**
《24×24cm・1枚分》
発酵バター……866g
強力粉……345g

**デトランプ**
《24×24cm・1枚分》
強力粉……400g
薄力粉……400g
フルール・ド・セル……38g
発酵バター*(1.5cm角に切る)……260g
冷水……345g
酢……6g
＊冷たいまま使用する。

**パート・フイユテ**
《55×33cm・3枚分》
ブール・ファリーヌ……上記より全量
デトランプ……上記より全量
グラニュー糖……1/2枚につき30g
粉糖……1/2枚につき適量

［つくり方］

**ブール・ファリーヌ**

1　発酵バターは室温にもどし、ミキサーボウルに入れる。ドウフックをつけた縦型ミキサーにセットし、低速で撹拌してポマード状にする。⇒Point ❶

2　撹拌を続けながら強力粉を少しずつ加え、途中から中速で撹拌する。ひとまとまりになったら撹拌終了。　A~B

3　ビニールを重ねた24×24cmの型にのせ、型にぴったりと収まるように手でのばして平らにならす。厚さは2cmになる。ビニールで包んで型をはずし、冷蔵庫に10時間おく。⇒Point ❷　C~D

## Point

❶ 卓上ミキサーを使用してもOK。その場合も、ホイッパーやビーターではなく、ドウフックで撹拌するとよい。

❷ 型を使って小さめのサイズにのして保管しておくと、棚卸しがしやすく、また切り分けたりせずにすぐにのばせるなど作業性がよい（デトランプも同）。

### デトランプ

**1** 強力粉、薄力粉、フルール・ド・セル、1.5cm角に切った発酵バターをミキサーボウルに入れ、ドウフックをつけた縦型ミキサーでバターが細かくなり、全体が少し黄色みがかるまで撹拌する。

**2** ボウルに冷水と酢を入れて混ぜ合わせ、**1**に加えながら撹拌する。生地がひとまとまりになり、ボウルの底からきれいにはがれるようになったら撹拌終了。 A~B
⇨ Point ❶

**3** 作業台に移して軽くまとめ、ナイフで十字に切り込みを入れる。ビニールを重ねた24×24cmの型にのせ、切り込みから手で開くようにして広げ、型にぴったりと収まるようにのばして平らにならす。厚さは2cmになる。ビニールで包んで型をはずし、冷蔵庫に10時間おく。 C~D

## Point

❶ 酢を配合するのは、グルテンが出すぎないようにする（グルテンの働きを少し和らげる）ため。グルテンが出すぎると縮みやすい生地になる。

### パート・フイユテ

**1** ブール・ファリーヌに打ち粉（分量外、以下同）をふり、パイシーターで厚さ1cmにのばす。90度向きを変えてパイシーターにとおし、38×38×厚さ0.7cmにのばす。

**2** デトランプに打ち粉をふり、パイシーターで28×28×厚さ1.5cmにのばす。

**3** **1**に**2**を45度向きを変えてのせ、**1**で**2**を包んで合わせ目を指で押さえてとじる。⇨ Point ❶ A~B

**4** **3**をパイシーターで厚さ1cm弱にのばす。生地がやわらかく、作業しにくい場合は、いったん冷蔵庫で冷やすとよい。 C

**5** 四つ折りにしてビニールをかぶせ、冷蔵庫に8時間おく。 D

**6** 5を折り目が手前と奥にくるように置き、打ち粉をふってパイシーターで厚さ1cm弱にのばす。生地の層が見える程度に両端を切り落とし、ふたたび四つ折りにする。このとき、切り落とした生地は、折り目や縁にのせて一緒に折り込むと無駄がない。　E-F

**7** パイシーターにとおして形をととのえる。厚さは2.5cm程度になる。ビニールをかぶせて冷蔵庫に8時間おく。

**8** 7を折り目が手前と奥にくるように置き、パイシーターで厚さ1cm弱にのばす。

**9** 両端を切り落とし、軽く折って折り目をつけてから三つ折りにする。このとき、切り落とした生地は、折り目や縁にのせて一緒に折り込むと無駄がない。ビニールで包み、冷蔵庫に8時間おく。　G

**10** 9を折り目が左右にくるように置き、工程**11**で向きを90度変えたときに、パイシーターの幅にぴったりと収まるサイズ（約55cm）になるようにシーターでのばす。

**11** 90度向きを変え、打ち粉をして厚さ0.3cmにのばす。　H

**12** 麺棒で巻きとり、打ち粉をふった作業台に広げる。　I

**13** 生地の手前と奥を手でもって軽く引っ張る。これを生地の端から端まで行う。⇒Point ❷　J

**14** ピケをし、端を切り落として幅33cmに切り分ける。55×33cmのシートが3枚とれる。　K

**15** 麺棒で巻きとって、オーブンシートを敷いたプラックに広げる。冷凍庫に移し、ある程度固まったらビニールで包んでふたたび冷凍庫で保管する。　L

**16** 15を半分に切り、グラニュー糖をふって指で全体に広げる。オーブンシートを敷いた天板にのせる。　M

**17** 160℃のコンベクションオーブンに入れ、途中で一度天板の前後を入れ替えて計40分焼く。

**18** ひっくり返して粉糖を茶漉しでふり、200℃のコンベクションオーブンで10分焼く。焼き上がったらそのままラックに置いて冷ます。　N

### Point

❶ ここで紹介しているのは、デトランプをブール・ファリーヌ（あるいはバター）で包む、逆折り込み（アンヴェルセ）の方式。このタイプのパート・フイユテは、サクサク感だけではなく、しっとり感も適度に表現できるため、生菓子に向く。一方、ブール・ファリーヌ（あるいはバター）をデトランプで包む一般的な方式（オーディネール）のパート・フイユテは生地感が強いため、ヴィエノワズリーやタルトに使用する。

❷ 折り込みを終えてのばした生地は、さらに手で軽く引っ張るようにしてのばしておくと、焼き縮みしにくい。

## パート・シュクレ
## Pâte sucrée

アパレイユとのバランスを意識した
やさしい味わい。塩で風味を引き締める

[材料]
《つくりやすい分量》
全卵……80g
バター（1.5cm角に切る）……200g
薄力粉……165g
強力粉……165g
粉糖……125g
アーモンドパウダー……40g
塩……1.2g
バニラパウダー*……0.3g
＊使用済みのバニラビーンズのサヤを
洗って乾燥させ、ミルで粉砕する。

クレーム・フランジパーヌ(P.149)……430g
／直径21cmのタルト型1台分

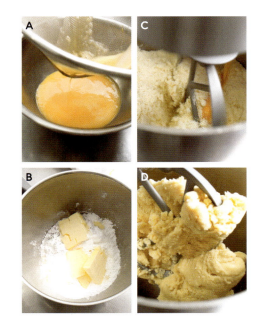

[つくり方]
1　ボウルに全卵を入れて溶きほぐし、冷たい網で漉す。　A
2　ミキサーボウルに1.5cm角に切ったバター、薄力粉、　B
強力粉、粉糖、アーモンドパウダー、塩、バニラパウダー
を入れ、ビーターで低速で撹拌する。
⇨ Point ❶ ❷

**3** バターが細かくなり、全体が少し黄色みがかってきたら、**1**を一気に加えて撹拌する。粉けがなくなったら混ぜ終わり。　C~D

**4** **3**をビニールを重ねた小さな型にのせ、手でのばしながら四角く形をととのえてビニールで包む。冷蔵庫に1晩おく。　E

**5** シーターで厚さ3mmにのばし、直径27cmのセルクルでぬく。　F

**6** 直径21cmのタルト型に**5**を敷き込む。まず、型に**5**を重ね、上から指で押し込んで型の底面の隅に生地を密着させる。型をまわしながらこれを1周行う。次に、生地の外側のひだになった部分を、型の側面に沿わせるように押しつけて密着させる。余った生地を型の外に倒し、上から麺棒を転がして切り落とす。縁を親指でつまむようにして形をととのえる。　G-K

**7** オーブンシートを敷き込み、重石代わりに米を詰める。天板にのせ、160℃のコンベクションオーブンで25分焼く（空焼き）。⇒ Point ❸　L

**8** 重石とオーブンシートをはずし、クレーム・フランジパーヌを詰めて160℃で40分焼く。焼き上がったらラックに置いて冷まし、完全に冷めたら型をはずす。　M-N

※長径10×短径4.4cmのバルケット型を用いる場合の敷き込み方、焼成方法などはP.54参照。

#### Point

❶ アーモンドパウダーは、味わいが濃厚なマルコナ種ではなく、杏仁の風味が印象的で後味がやさしいカーメル種のアーモンドを使ったものを使用。

❷ 塩を加え、かすかな塩味で味を引き締める。

❸ 空焼きする際は、重石代わりに米を詰める。米が余分な油を吸うほか、万が一、口に入っても安全だというのがその理由。

## パータ・フォンセ
### Pâte à foncer

フルーツやクリーム、ムースが引き立つ、
"器"に見立てた主張しない生地

[材料]
《つくりやすい分量》
薄力粉……500g
グラニュー糖……10g
塩……10g
バター（1.5㎝角に切る）……375g
牛乳……125g
卵黄……20g

[つくり方]
1　ミキサーボウルに薄力粉、グラニュー糖、塩、1.5㎝　A
角に切ったバターを入れ、ビーターで低速で混ぜる。
2　ボウルに牛乳と卵黄を入れ、溶きほぐすようにして　B
混ぜる。

**3** **1**が黄色っぽくなってきたら**2**を加え、粉けがなくなり、ビーターに巻きつくようになるまで撹拌する。 C~D

**4** **3**を手でひとまとめにし、ビニールを重ねた24×24cmの型の中央にのせ、型にぴったりと収まるように生地を手で広げる。 E~F

**5** ビニールで包んで型をはずし、冷蔵庫に10時間おく。⇒Point ❶ G

**6** 生地に打ち粉（分量外）をし、パイシーターで適宜向きを変えながらのばす。 H~I

**7** 厚さ3mmになったら麺棒で巻きとり、オーブンシートを敷いたプラックに広げる。冷蔵庫で冷やす。なお、サントノーレ用の生地はピケをしてから麺棒で巻きとり、プラックに広げる（写真L）。 J~L

**8** **7**を直径9.5cmのセルクルでぬき、直径7cmのセルクルに敷き込む。セルクルをまわすようにしながら側面に生地を密着させつつ、底側の縁までしっかりと生地を押しつけて角をつくる。冷凍庫で冷やし固める。 M~O

**9** **8**にペーパーカップを入れて重石代わりに米を詰め、天板に並べる。さらに網と天板を重ねてオーブンに入れる。⇒Point ❷❸ P~Q

**10** 160℃のコンベクションオーブンで40分焼く（空焼き）。焼き上がったら熱いうちに天板と網をはずし、ラックなどに置いて冷ます。完全に冷めたら重石とペーパーカップをはずす。

**11** ナイフをセルクルの縁に沿わせて余分な生地を切り落とし、縁を平らにならす。セルクルをはずす。 R
⇒Point ❹

**Point** --------

❶ 材料を混ぜ終えた生地は、決まったサイズの型（ここでは24×24cmの型）に合わせて成形して冷蔵保管しておくと管理しやすい。

❷ 空焼きする際は、重石代わりに米を詰める。米が余分な油を吸うほか、万が一、口に入っても安全だというのがその理由。

❸ セルクルに敷き込んだ生地は、その上に網と天板を重ねて空焼きすることで、焼成中に生地が浮くのを防ぐことができる。

❹ セルクルからはみ出した生地は、焼成後に切り落とす。はみ出した生地を残して焼成すると、焼成中に膨らんでセルクルの縁に引っかかり、セルクルの内側側面に沿わせた生地が沈むのを防ぐことができる。

141

[材料]
《57個分》
全卵……500g
水……460g
強力粉……900g
薄力粉……100g
生イースト……48g
グラニュー糖……70g
塩……20g
バター（2cm角程度に切って室温にもどす）
　……250g

## パータ・ババ
## Pâte à baba

シロップを吸わせるため、卵の風味は控えめに。
しっかりと練って、きめ細かな気泡をつくる

[つくり方]
**1** ボウルに全卵を入れて溶きほぐし、水を加え混ぜる。　A~B
網で漉す。⇒ Point ❶

**2** ミキサーボウルに強力粉、薄力粉、生イースト、グ　C~D
ラニュー糖、塩、**1**を入れ、ドウフックをつけた縦型ミ
キサーで撹拌する。⇒ Point ❷

142　基本のパーツ・生地

**3** 生地がまとまり、ボウルの側面からはがれてフックにからんでパタパタと音がするようになったら、2cm角程度に切って室温にもどしたバターを加える。撹拌を続け、バターがなじんだら撹拌終了。⇨Point ❸　E~F

**4** 直径5.5×高さ4.5cmのセルクルの内側にバター（分量外）をぬり、オーブンシートを敷いたプラックに並べる。　G

**5** **3**を丸口金をつけた絞り袋に入れ、**4**のセルクルに40gずつ絞る。生地が切れにくい場合はハサミで切るとよい。　H

**6** 表面に霧吹きで水（分量外）を吹きつけ、オーブンの前など少し温かい場所に設置したラックに約1時間おいて発酵させる。写真Jは発酵後。　I~J

**7** 175℃のコンベクションオーブンで15〜18分焼く。　K

**8** 焼き上がったら熱いうちにセルクルをはずし、ラックなどに置いて冷ます。⇨Point ❹　L

**Point** ------------------------------------------------

❶ シロップを吸わせるなどして菓子に仕上げたときに卵の風味が主張しないよう、卵の配合は控えめにする。

❷ パティスリーの厨房は室温が低く、生地が発酵しにくいため、イーストを多めに配合して発酵を促す。また、強力粉も多めに配合して、粘りのある生地に仕上げる。

❸ パータ・ババは一般的に、生地をあまり練らずに粗い気泡が入った状態に焼き上げるが、あえてしっかりと練ってきめ細かな気泡が入った焼き上がりにする。それにより、シロップなどの水分をしっかりと抱えることができ、なおかつクリームなどのパーツとの口溶けの一体感も生まれる。

❹ 菓子に仕上げる際は、イーストの風味をマスキングするために、味の強い素材と合わせるとよい。

## パータ・シュー
## Pâte à choux

しっかりと膨らんだ軽やかな食感。
やさしい味わいで汎用性をアップ

[材料]

**パータ・シュー**
《つくりやすい分量》
水……125g
牛乳……125g
バター……125g
塩……2.5g
グラニュー糖……8g
薄力粉……150g
全卵……約300g（生地の固さによって適宜調整）

**マッセ生地**
《つくりやすい分量》
強力粉……185g
グラニュー糖……150g
バター（1.5cm角に切る）……150g
色素（黄）*1・2……適量

＊1 色粉を4倍量の水で溶く。
＊2 ここでは黄色の色素を用いたが、
色は用途によって変える。

※写真はパータ・シューに
マッセ生地をのせて焼成したもの。

[つくり方]

**パータ・シュー**
1　鍋に水と牛乳、バター、塩、グラニュー糖を入れて　A
火にかける。バターが溶けてふつふつとしてきたら火を
止め、薄力粉を加えて泡立て器で混ぜる。⇒Point ❶
2　粉けがなくなったらふたたび火にかけてゴムベラで　B
混ぜる。全体がのり状になり、鍋底に膜が張るように
なったら火からおろす。⇒Point ❷
3　2をミキサーボウルに移し、粗熱がとれるまで（湯　C
気が立たなくなる状態が目安）ビーターで撹拌する。

**4** ボウルに全卵を入れて溶きほぐし、網で漉す。

**5** **3**に**4**を卵1個分ほど加えて撹拌する。さらに残りの**4**を4回に分けて加え混ぜる。このとき、卵液が混ざりきる前に、卵液を継ぎ足すこと。ゴムベラですくうと、ヘラの先に逆三角形の薄い膜ができるようになったら撹拌終了。⇨Point ❸　　　　　　　　　　　D~G

**6** 用途に合わせて、以下の要領で成形、焼成する。

**エクレール**：フィルムを貼ったプラックに、口径1.5cmの丸口金をつけた絞り袋で長さ12cmに絞る（1個35g）。マッセ生地（分量外）をのせるなどして焼成する（P.58、60、64、66参照）。　　　　　　　　　　　　　　　　H

**サントノレのプチシュー**：フィルムを貼ったプラックに、口径1cmの丸口金をつけた絞り袋で丸く絞る（1個4g）。そのまま、あるいはマッセ生地（分量外）をのせるなどして焼成する（P.69、73参照）。　　　　　　　　　　　I

**サントノレの土台のリング**：パータ・フォンセ（分量外／直径6×厚さ1.5cm／P.140参照）の上に口径1cmの丸口金をつけた絞り袋でリング状に絞り（1個12g）、焼成する（P.69、73参照）。　　　　　　　　　　　　　　　　J

**Point** -----------------------------------------------

❶ いったん火を止めるのは、それ以上水分がとばないようにするため。仕上がりを安定させる工夫の一つ。

❷ 全体がのり状になり、鍋底に膜が張るようになったら、粉に火がとおった合図。粉に完全に火をとおし、粘りのある生地にしないと、焼いたときにきれいに膨らまない。

❸ 卵液が混ざりきってしまうと、撹拌を進めるうちに分離してしまう。そこで、混ざりきる前の、水分が少し残っている状態のときに卵液を継ぎ足す。

**マッセ生地**

**1** ミキサーボウルに強力粉、グラニュー糖、1.5cm角に切ったバターを入れ、ビーターで低速で撹拌する。バターが細かくなり、ひとまとまりになったら撹拌終了。　A

**2** **1**に色素を加え混ぜる。　　　　　　　　　　　B~C

**3** エクレール用は厚さ2mmに、サントノーレ用は厚さ1.5mmに麺棒でのばし、冷蔵庫で冷やす。用途に合わせて成形、焼成する（P.58、60、66、69参照）。　D

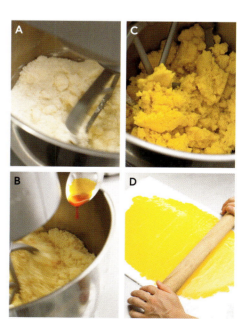

### パータ・マカロン
## Pâte à macarons

軽やかなアーモンドの香り。外はサクッ、中はしっとりの食感のコントラスト

[材料]

《約80枚分》

アーモンドパウダー……225g

粉糖……225g

卵白……84g

色素（黄）*1・2……適量

イタリアンメレンゲ……でき上がりより全量

- 水……84g
- グラニュー糖A……225g
- 乾燥卵白……2g
- グラニュー糖B……20g
- 卵白……84g

＊1 色粉を4倍量の水で溶く。
＊2 ここでは黄色の色素を用いたが、色は用途によって変える。

[つくり方]

**1** ペーパーに直径6cmのセルクルを置き、セルクルの縁に沿ってペンで円を描く。　A

**2** ボウルにアーモンドパウダーと粉糖を入れ、手ですり混ぜる。⇒Point ❶　B

**3** 2を目の粗いザルに入れ、手で軽く押しつけるようにしてふるい、ボウルに移す。　C

**4** 別のボウルに卵白と色素を入れ、そのまましばらくおいてなじませつつ室温にもどす。　D

**5** イタリアンメレンゲをつくる。鍋に水とグラニュー糖Aを入れて火にかけ、116℃になるまで加熱する。

**6** 乾燥卵白とグラニュー糖Bをすり混ぜ、卵白とともにミキサーボウルに入れてホイッパーで撹拌する。しっかりと泡立ったら**5**を加えながら撹拌する。しっかりとした角が立つようになったら撹拌終了。混ぜ終わりの温度は54℃が目安。⇒Point ❷   E–F

**7** **3**に**6**と**4**を一気に加え、ゴムベラで混ぜる。粉けがなくなったらカードに持ち替えて、上から押しつぶすようにして空気を抜きながら混ぜる（マカロナージュ）。写真Jのように充分につやが出て、なめらかな状態になったら混ぜ終わり。⇒Point ❸ ❹   G–J

**8** 天板に**1**のペーパーを敷いてオーブンシートを重ね、**7**を丸口金をつけた絞り袋で、ペーパーに描いた円よりもひとまわり小さく絞る。   K

**9** 天板の底を軽くたたいて形をととのえる。これにより、ペーパーに描いた円よりもひとまわり小さく絞った生地が少し平らになり、円とほぼ同じ大きさになる。そのままラックに置いて15〜20分乾かす。   L–N

**10** 表面を指でさわってみて、指に生地がつかなくなったら150℃のコンベクションオーブンに入れ、途中で一度天板の前後を入れ替えて計16分焼く。焼き上がったらそのままラックに置いて冷ます。⇒Point ❺

**Point** --------------------------------------------------

❶ アーモンドパウダーと粉糖は、アーモンドの油分を粉糖に吸わせるイメージですり混ぜる。

❷ 乾燥卵白を加え、しっかりとしたハリのあるメレンゲをつくる。

❸ 製造中、生地の温度が下がらないように室温を調整する。

❹ マカロナージュをしすぎると、空気が抜けすぎてべちゃっとした仕上がりになるので注意。

❺ 焼き上がった生地の底が少しへこんでいれば、上手にできた証拠。へこんでいない場合は、空気がうまく抜けておらず、生地中に大きな気泡ができていることが多い。

## 基本パーツ・クリーム

※材料はすべて「つくりやすい分量」。

### クレーム・パティシエール　Crème pâtissière

[材料]

牛乳……750g　　　　　　　グラニュー糖……235g
生クリーム（乳脂肪分47%）……250g　　コーンスターチ……23g
バニラビーンズ……1本　　　カスタードパウダー……46g
卵黄……240g

[つくり方]

**1**　鍋に牛乳、生クリーム、バニラビーンズを入れて火にかける。沸騰直前になったら泡立て器で軽く混ぜ、ふたをして火を止め、そのまま10分おく。　A

**2**　ボウルに卵黄とグラニュー糖を入れてすり混ぜる。コーンスターチとカスタードパウダーを加え混ぜる。　B

**3**　2に1を半量加え混ぜ、1の鍋に戻して混ぜ合わせる。

**4**　3を網で漉してボウルに移し、火にかける。泡立て器で絶えず混ぜながら、ときどきボウルをまわすようにしてムラなく炊く。写真Dは炊き上がり。　C-D

**5**　火からおろし、ボウルの底に氷水をあてて混ぜながら冷ます。ラップを敷いたプラックに流し、四方のラップを内側に折りたたむようにして包み、冷蔵庫で冷ます。　E-F
⇨Point ❶

**Point** --------------------------------------------------

❶　炊き上がったクリームは、いったん氷水にあてて冷やす。すぐにラップをして冷蔵庫で冷やす方法に比べ、使用時にほぐす際、すぐになめらかな状態になるとともに、ダマになりにくい。また、一気に冷やすことで菌が繁殖しにくく、水分もとぶので水っぽくならない。ただし、ボウルの内側が汗をかくほど冷やさないこと。

### クレーム・シャンティイ　Crème chantilly

[材料]

生クリーム（乳脂肪分47%）……400g
コンパウンドクリーム……135g
バニラエッセンス……3g
キビ砂糖……43g

[つくり方]

**1**　ミキサーボウルに材料を入れ、しっかりとした角が立つまでホイッパーで撹拌する。⇨Point ❶　A-B

**Point** --------------------------------------------------

❶　キビ砂糖を配合し、こくある甘みを表現する。

148　基本のパーツ・クリーム

### クレーム・ディプロマット　Crème diplomate
［材料］
クレーム・パティシエール……400g
クレーム・シャンティイ……100g

［つくり方］
1　クレーム・パティシエールを軽くほぐし、クレーム・シャンティイと混ぜ合わせる。完全に混ざりきっていない、少しマーブル状の状態に仕上げる。　A-B

### クレーム・ダマンド　Crème d'amandes
［材料］
バター……250g
全卵……150g
粉糖……250g
アーモンドパウダー……250g
コーンスターチ……25g

［つくり方］
1　バターは電子レンジで温めて少しやわらかくする。
2　全卵はボウルに入れて溶きほぐし、網で漉す。
3　ミキサーボウルに1を入れ、ビーターで撹拌してポマード状にする。粉糖、アーモンドパウダー、コーンスターチを順に加え、そのつどなじむまで撹拌する。　A-B
4　2を4回に分けて加え、そのつど中速で撹拌する。粉けがなくなり、全体がなじんだら撹拌終了。ラップで包んで冷蔵庫に1晩おく。クレーム・フランジパーヌに用いる場合は、冷蔵庫に1晩おかずに使用する。　C-D

### クレーム・フランジパーヌ　Crème flangipane
［材料］
クレーム・パティシエール……175g
クレーム・ダマンド……上記より全量
ラム酒……25g

［つくり方］
1　クレーム・パティシエールを軽くほぐす。　A
2　ミキサーボウルにクレーム・ダマンドを入れる。ラム酒と1を順に加え、そのつど全体がなじむまでビーターで撹拌する。ラップで包んで冷蔵庫に1晩おく。　B-D
⇒Point ❶

**Point** --------------------------------------------
❶　ラム酒を配合して風味を高める。

## クレーム・オ・ブール　Crème au beurre

［材料］

牛乳……140g
卵黄……110g
グラニュー糖A……140g
バター（室温にもどす）……580g

イタリアンメレンゲ
　……でき上がりより全量
- 水……50g
- グラニュー糖B……155g
- 卵白……80g
- グラニュー糖C……14g

［つくり方］

1　鍋に牛乳を入れ、火にかけて40℃程度に温める。
2　ボウルに卵黄を入れ、グラニュー糖Aの半量を加えてすり混ぜる。⇒Point ❶　　A
3　1を火からおろし、残りのグラニュー糖Aを混ぜる。　　B
4　2に3を加え混ぜ、火にかける。混ぜながら82℃になるまで炊く。　　C~D
5　4を漉してミキサーボウルに移し、ビーターで撹拌する。40℃程度になったら、室温にもどしたバターを少しずつ加えながら撹拌する。写真Fのようになめらかな状態になったら撹拌終了。ダマがある場合は、仕上げにホイッパーで撹拌するとよい。⇒Point ❷　　E~F
6　イタリアンメレンゲをつくる。鍋に水とグラニュー糖Bを入れて火にかけ、116℃になるまで加熱する。
7　ミキサーボウルに卵白を入れて撹拌し、少し泡立ったらグラニュー糖Cを加えて撹拌を続ける。⇒Point ❸
8　さらに泡立ったら、撹拌を続けながら6を少量ずつ加える。40℃程度になったらミキサーからおろす。⇒Point ❹　　G~H
9　5に8の一部を加え混ぜ、なじんだら残りの8を加えてさっくりと混ぜる。使うときに泡立て直すため、ここではさっくりと混ぜるにとどめる。　　I~J

Point

❶　卵黄に大量のグラニュー糖を加え混ぜると、黄色い小さな結晶ができやすい。この結晶は溶けにくく、網で漉すと卵黄の成分が減ってしまう。そこで、卵黄には半量のグラニュー糖を合わせるにとどめ、残りは牛乳と合わせておき、のちにそれらを混ぜ合わせる。

❷　バターは、加える直前にヘラでのばしてやわらかい状態にしておくと、仕上がりがダマになりにくい。

❸　一般的な配合よりも砂糖が少し多めなのは、気泡を安定させるのが狙い。しっかりと空気を抱き込ませて口あたりを軽くする。

❹　イタリアンメレンゲはムースなどに使う場合は冷やしておくが、ここでは冷やさずにそのまま使う。冷やすと炊いたクリームに含まれるバターなどの油脂分が固まり、混ざりにくく、混ぜムラができやすい。

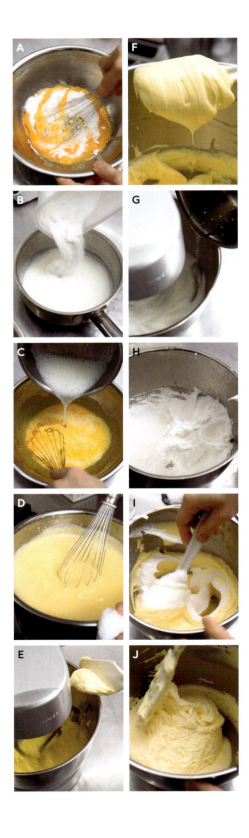

# 基本パーツ・コンフィチュール＆マーマレード

※材料はすべて「つくりやすい分量」。

[つくり方]

**コンフィチュール** Confiture
※全コンフィチュール共通。材料は下記の材料欄を参照。

1　鍋にピュレを入れて火にかける。
2　1が40〜50℃になったら、合わせておいたグラニュー糖とペクチンを3〜5回に分けて加え、そのつど泡立て器で混ぜ合わせる。この間も火にかけ続ける。
3　沸騰したらそこからさらに約1分、加熱しながら混ぜる。火からおろして冷まし、冷蔵庫で冷やす。

**オレンジのマーマレード** Marmelade
※材料は下記の材料欄を参照。

1　オレンジは皮付きのまま縦に6等分に切り分ける。
2　鍋に水を入れ、グラニュー糖の半量を加えて火にかける。
3　沸騰したら1を加え、落としぶたをして煮る。
4　オレンジの皮が透きとおり、やわらかくなったら火を止め、残りのグラニュー糖を加え混ぜる。そのまま冷まし、冷蔵庫に1晩おく。
5　4を網で漉して汁けをきり、ジューサーに入れて細かくなるまで撹拌する。

[材料]

**アプリコットのコンフィチュール**
アプリコットピュレ……500g
レモンピュレ……24g
グラニュー糖……200g
ペクチン（LMSN325）……8g

**グレープフルーツのコンフィチュール**
グレープフルーツピュレ……430
グラニュー糖……170g
ペクチン（LMSN325）……6g

**タイベリーのコンフィチュール**
タイベリーピュレ……500g
レモンピュレ……24g
グラニュー糖……200g
ペクチン（LMSN325）……8g

**カシスのコンフィチュール**
カシスピュレ……420g
イチゴピュレ……80g
レモンピュレ……24g
グラニュー糖……220g
ペクチン（LMSN325）……8g

**レモンのコンフィチュール**
レモンピュレ……524g
グラニュー糖……220g
ペクチン（LMSN325）……8g

**フランボワーズのコンフィチュール**
フランボワーズピュレ……500g
レモンピュレ……24g
グラニュー糖……200g
ペクチン（LMSN325）……8g

**グリオットチェリーのコンフィチュール**
グリオットチェリーピュレ……500g
レモンピュレ……24g
グラニュー糖……200g
ペクチン（LMSN325）……8g

**オレンジのマーマレード**
オレンジ……1個
水……300g
グラニュー糖……300g

Ryoura［リョウラ］
東京都世田谷区用賀4-29-5
グリーンヒルズ用賀 ST 1F
☎ 03-6447-9406
http://www.ryoura.com/

オーナーシェフ
**菅又亮輔**

1976年新潟県生まれ。フランス各地で計3年修業したのち、帰国。「ピエール・エルメ サロン・ド・テ」を経て、「ドゥー パティスリー カフェ」のシェフ パティシエに就任。2015年10月、東京・用賀に「リョウラ」をオープン。

# フルーツ香る生菓子
定番ケーキの魅力を高めるテクニック

初版印刷　2018年7月10日
初版発行　2018年7月25日

著者ⓒ　菅又亮輔
発行者　丸山兼一
発行所　株式会社柴田書店
　　　　〒113-8477
　　　　東京都文京区湯島3-26-9 イヤサカビル
電話　　営業部　03-5816-8282（注文・問合せ）
　　　　書籍編集部　03-5816-8260
　　　　http://www.shibatashoten.co.jp/

印刷
製本　　凸版印刷株式会社

本書収録内容の無断掲載・複写（コピー）・データ配信等の行為はかたく禁じます。
乱丁・落丁本はお取替えいたします。

ISBN 978-4-388-06288-1
Printed in Japan
ⒸRyosuke Sugamata 2018